亲历者
中旅游书架

Follow Me

《亲历者》编辑部 编著 ★ 年年修订 ★

海南
深度游

慢·旅·行·的·倡·导·者

U0650472

中国铁道出版社有限公司
CHINA RAILWAY PUBLISHING HOUSE CO., LTD.

图书在版编目（CIP）数据

海南深度游 Follow Me /《亲历者》编辑部编著.
6 版. -- 北京：中国铁道出版社有限公司，2025. 1.
（亲历者）. -- ISBN 978-7-113-31678-5

Ⅰ. K928.966

中国国家版本馆 CIP 数据核字第 2024XE4615 号

书　　名：**海南深度游Follow Me**
　　　　　HAINAN SHENDU YOU Follow Me

作　　者：《亲历者》编辑部

责任编辑：孟智纯　　　**编辑部电话：**（010）51873697
封面设计：郑春鹏
责任校对：苗　丹
责任印制：赵星辰

出版发行：中国铁道出版社有限公司（100054，北京市西城区右安门西街8号）
网　　址：https://www.tdpress.com
印　　刷：天津嘉恒印务有限公司
版　　次：2015年1月第1版　2025年1月第6版　2025年1月第1次印刷
开　　本：710 mm×1 000 mm　1/16　**印张：**13　**字数：**276 千
书　　号：ISBN 978-7-113-31678-5
定　　价：68.00元

如何使用本书

景区

精选海南38个热门目的地，囊括海南旅游精华。

景区概述

用简练的语言，让读者对景区有一个整体认识。

微印象

精选自媒体平台、旅游网站上旅行者对景区做出的价值性点评，让读者对景区有一个初步的认识，确定旅游目的地。

基本信息

包括门票价格、景区开放时间、最佳旅游季节、进入景区的各种交通方式等实用信息。

景区星级

从美丽、浪漫、休闲、人文、特色、刺激6个方面给景区评级。

子景点

观光点的详细介绍，并配有实用攻略、小贴士、旅友点评等丰富的资讯。

景区示意图

标注景区出入口、游览线路、观光点、景区配套设施等信息。

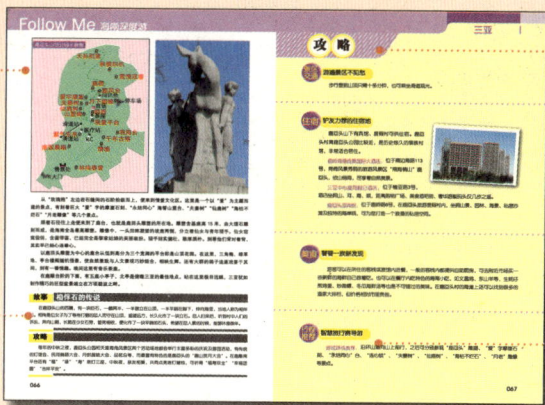

景区攻略

包含住宿、美食、购物、娱乐、景区内部交通、旅游注意事项等，丰富且实用。

图片

选取精美图片，提升现场感，提供摄影参考。

行程推荐

提供合理、实用的景区游览方案。

导读

提供海南的基本背景信息，让读者先认识目的地，再开始旅行。

爱上城市

若干幅精美图片，让读者对目的地建立感性印象。

城市概览

以图文形式，梳理城市的地理、历史、文化等知识，让读者对目的地建立初步认识。

读懂城市

以专题的形式，介绍一些文化主题，让读者对目的地产生更深刻的认识。

海南，
来玩就要有深度

寻觅历史

　　海南历史悠久，人文璀璨，古称珠崖、琼州、琼崖。唐代宰相韩瑗、名僧鉴真，宋代名相赵鼎、大臣胡铨、大文豪苏东坡和纺织家黄道婆等先后来过海南，对本地区的经济、文化都做出了重要的贡献。

　　这里的众多历史古迹载述了海南漫长曲折的发展历程，也记述着光荣的革命传统。有为纪念被贬谪来海南岛、传播文化、推动海南文化发展和交流的名臣而建的"五公祠"，有纪念明代琼籍清官海瑞的海瑞文化公园，还有中共琼崖"一大"旧址和李硕勋烈士纪念亭、金牛岭烈士陵园等。

度假天堂

　　说到海南，首先浮现脑海的就是蓝天、白云、沙滩。这里拥有顶级海滨度假胜地三亚，适宜的气候和优良的沙滩使这里遍布了蜈支洲岛、亚龙湾、大东海等理想的海水浴场和避寒胜地。潜水观光更是海南最具探险性的海上休闲活动，好奇心和探索精神在这里都能得到满足。海口、琼海、文昌、万宁、陵水、儋州等地也有丰富的海滨度假资源。

　　此外，海南各地有不同类型的温泉、各种各样的高尔夫球场，既可以在温泉中享受惬意的一天，也可以在球场上畅快淋漓地挥洒一天。

"请到天涯海角来，这里四季春常在"，这句耳熟能详的歌词唱的就是迷人的海南。对于许多人而言，海南是一个让他们魂牵梦萦的地方。这里有湛蓝的大海、浩瀚的碧波、绚丽的落霞、金色的沙滩、宜人的椰风海韵；这里有先锋时尚的游乐元素，豪华舒适的度假天地，原始清新的生态山水，古朴沧桑的历史风韵，独具特色的民族风情……

来海南吧，深入当地，体验地道的当地生活，学做一回海南人。

热带雨林王国

海南是我国所处纬度最低、面积最大的热带地区，发育并保存着最大面积的热带雨林。海南的五大热带雨林五指山森林区、霸王岭森林区、尖峰岭森林区、吊罗山森林区和黎母山森林区位于海南中南部，面积大、种群多样、交通便利、景观丰富，是人们进行雨林探险、森林徒步、漂流的好去处。

随着海南热带雨林国家公园的设立，这片生物资源非常丰富的区域已被国际环保组织确定为全球34个生物多样性热点区之一。

文化齐放

海南不仅山青水美，而且人杰地灵。来这里除了可以感受到热情似火的热带海洋风情之外，还能领略到多民族缤纷多样的文化魅力。海南山区居住着的黎、苗族人民的丰富民族文化，是全岛一道亮丽的风景线。不管是在民族歌舞长廊，还是槟榔谷，都可以看到特色演出，他们纵情歌舞的模样充满了引人入胜的活力与热情。咖啡小镇、电影公社、博鳌论坛等新文化符号，也为海南带来了更多元的文化魅力。

目录

第1章 030-081
三亚

第2章 082-115
海口

示意图目录

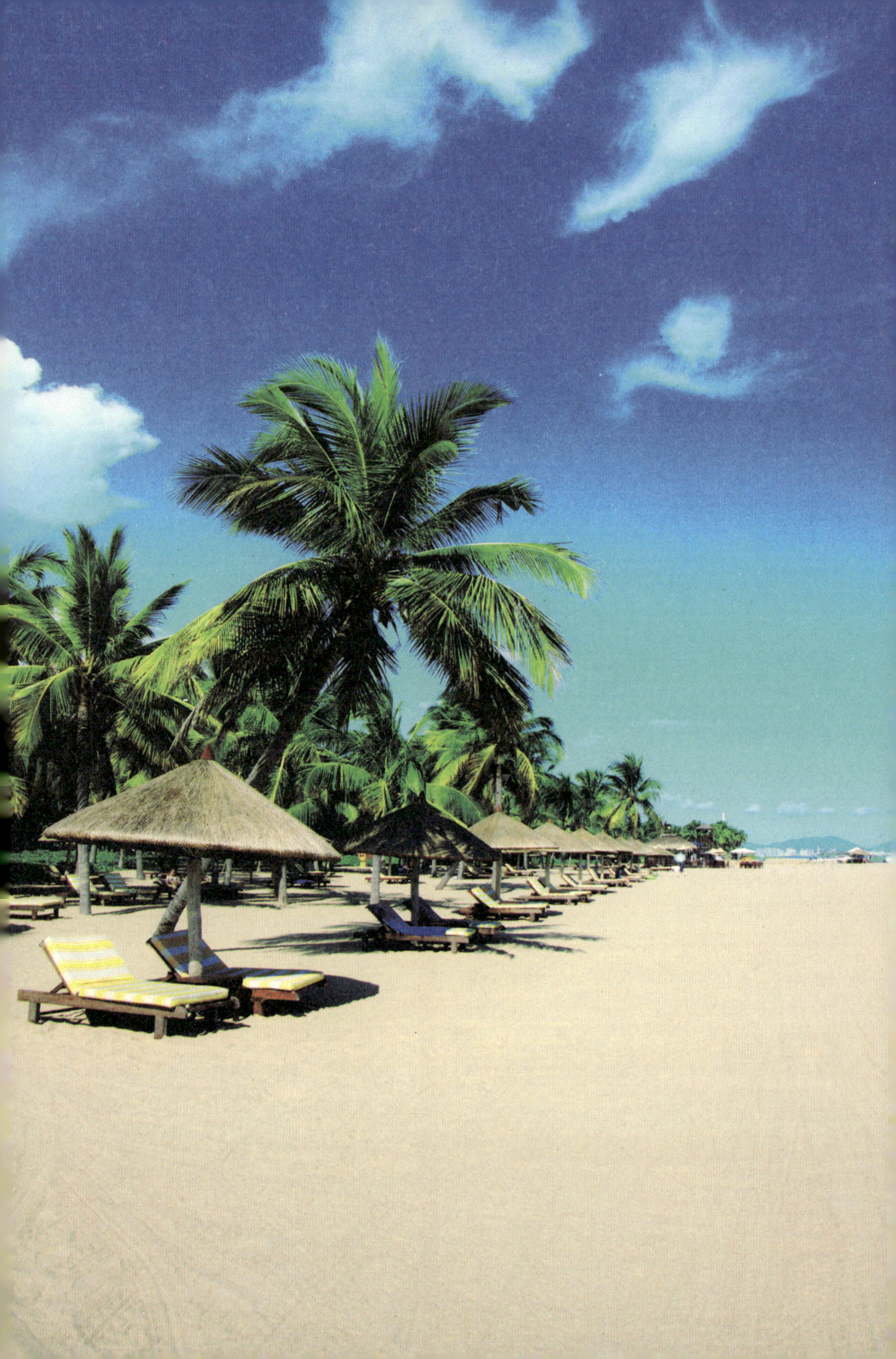

速读
海南

爱上海南

浓情海滩最浪漫

潜水冲浪寻刺激

顶级度假赛神仙

绿色雨林访黎苗

海南概览

海南每月亮点

海南地理

海南历史

海南美食

海南特产

体验丰富娱乐

海口市区一日游

三亚浪漫五日游

读懂海南

阳光沙滩：海南最美的地方

神秘海岛：星罗棋布的明珠

舒适温泉：放松身心的梦田

黎族风情：最炫黎族风

黎族船形屋：干栏式茅草屋

刺激潜水：探寻海底的秘密

休闲度假：轻松惬意的享受

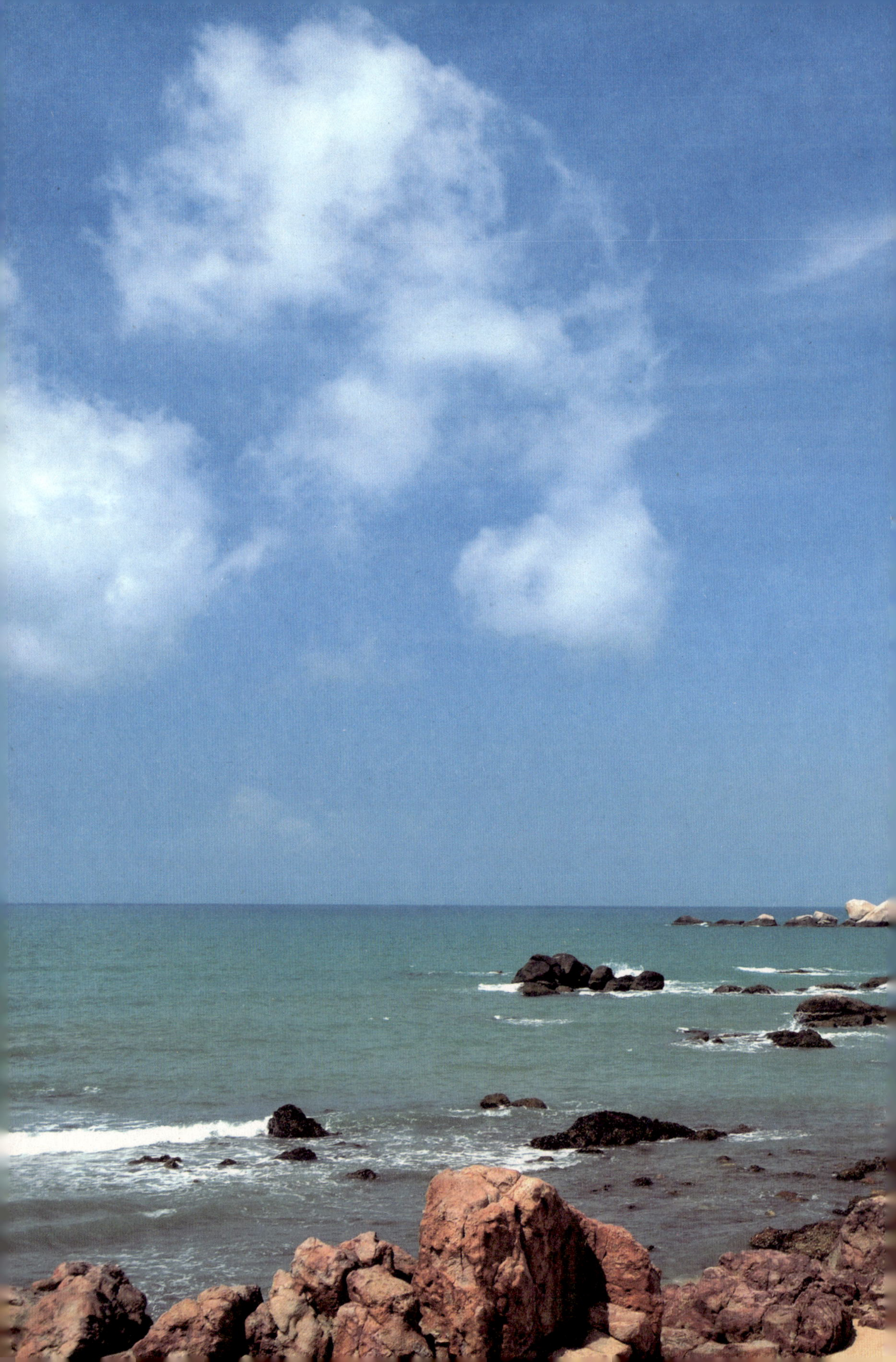

浓情海滩最浪漫

　　这里有湛蓝的海水、洁白的沙滩，宛若天堂。静静地漫步于海滩上，从晨曦到黄昏，景色因时而变，每一个光影都能够瞬间牢牢地缚住你的心灵。若与伴侣携手同游，则更会感受到那份甜蜜与浪漫，仿佛连空气中都弥漫着那化不开的甜。

潜水冲浪寻刺激

海南不仅仅是闲适与浪漫的，在这里还能够体验一把惊险刺激，上天入海，玩味极限。三亚有中国最好的潜水海湾，在这里能潜水、冲浪、海钓、出海，让人们更纯粹地享受假日的刺激与放松。

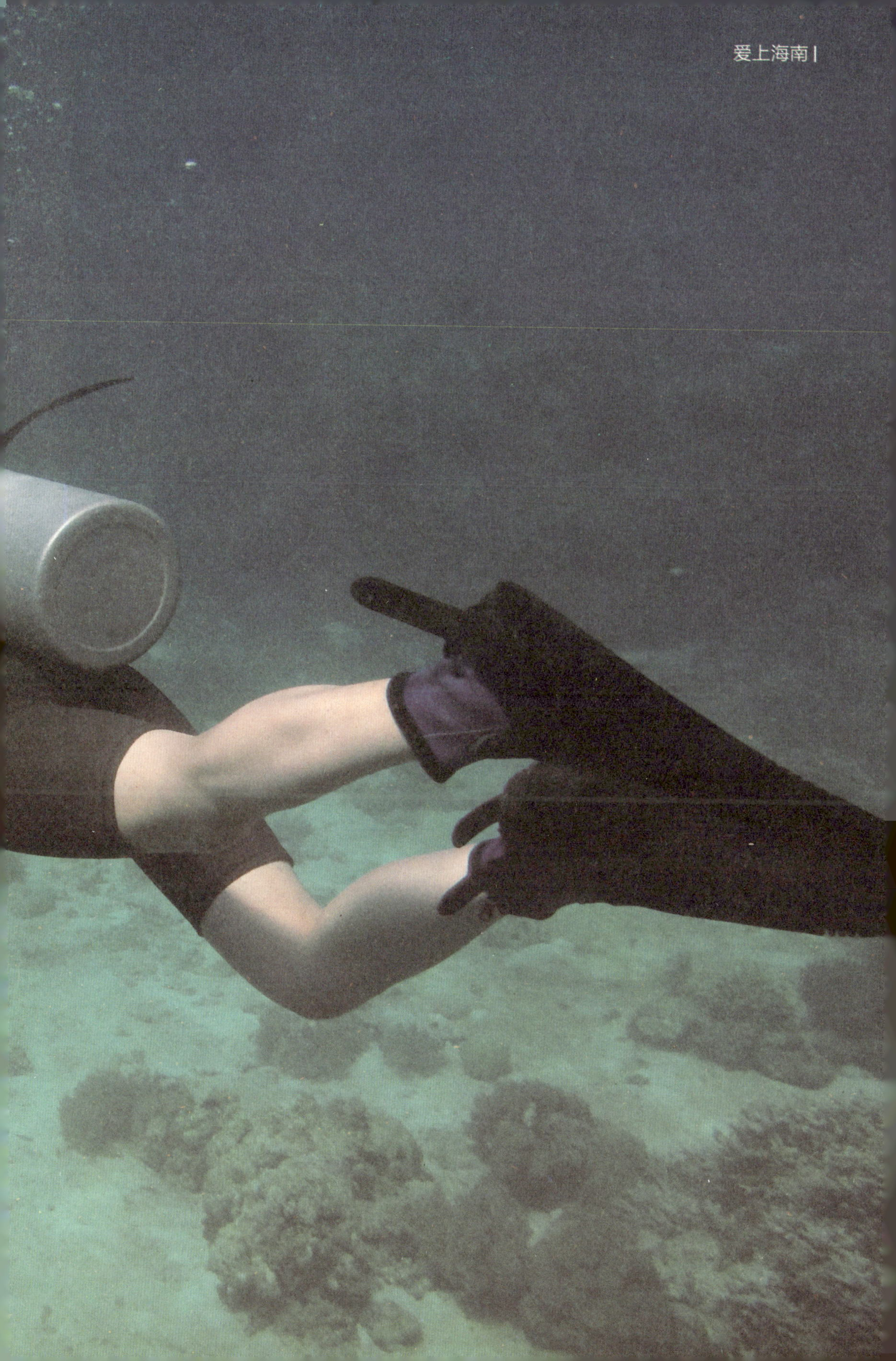

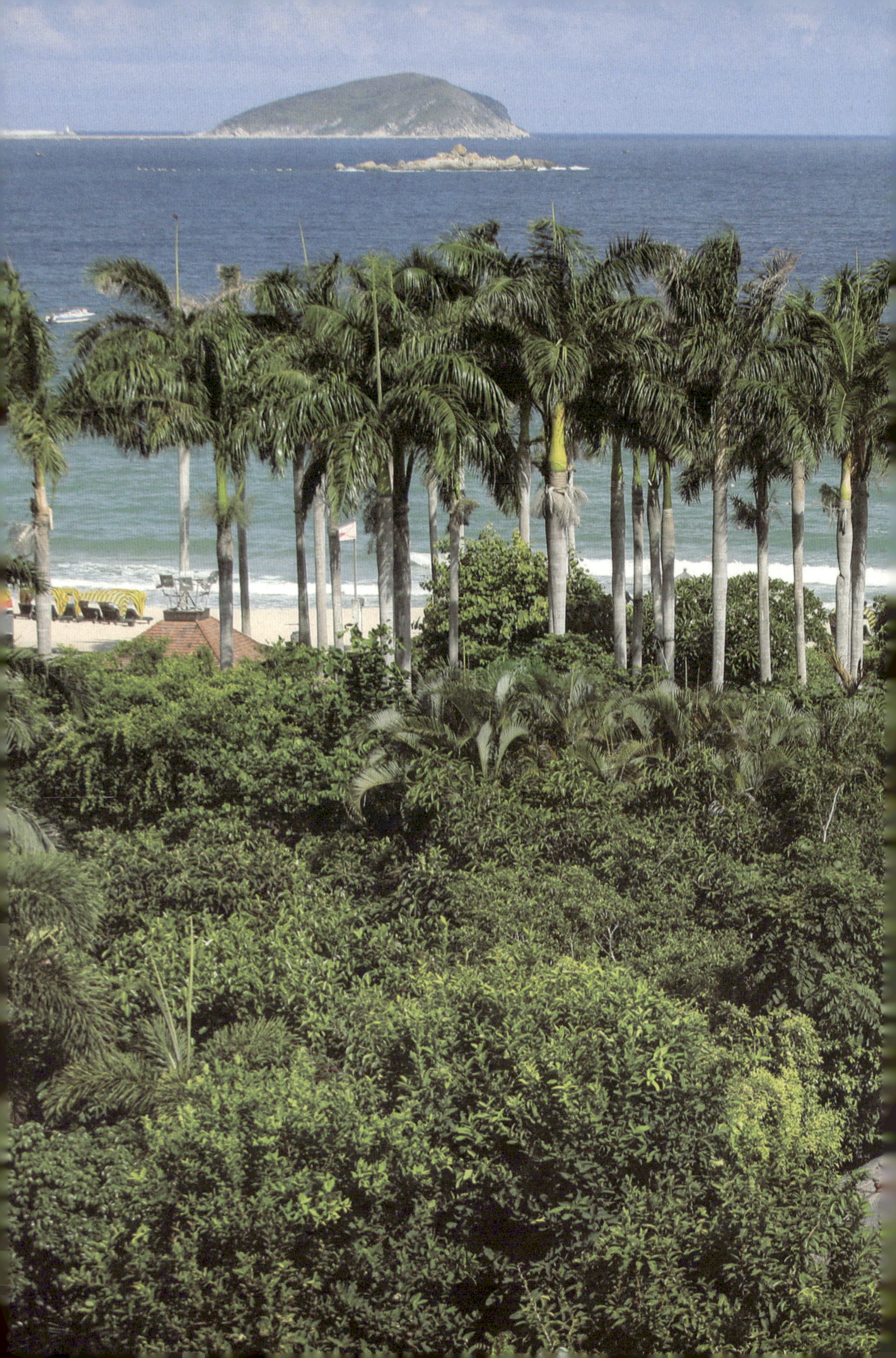

顶级度假赛神仙❀

三亚的海岸上伫立着全亚洲最为密集的国际顶级度假酒店，奢华而宁谧，依山傍海，如入世外桃源。可悠闲地躺在房间宽大的沙发上看书，抬头就可以眺望窗外的大海；或坠入一汪香薰温泉中为身心做一次洗礼，在大自然的天籁之音中返璞归真。

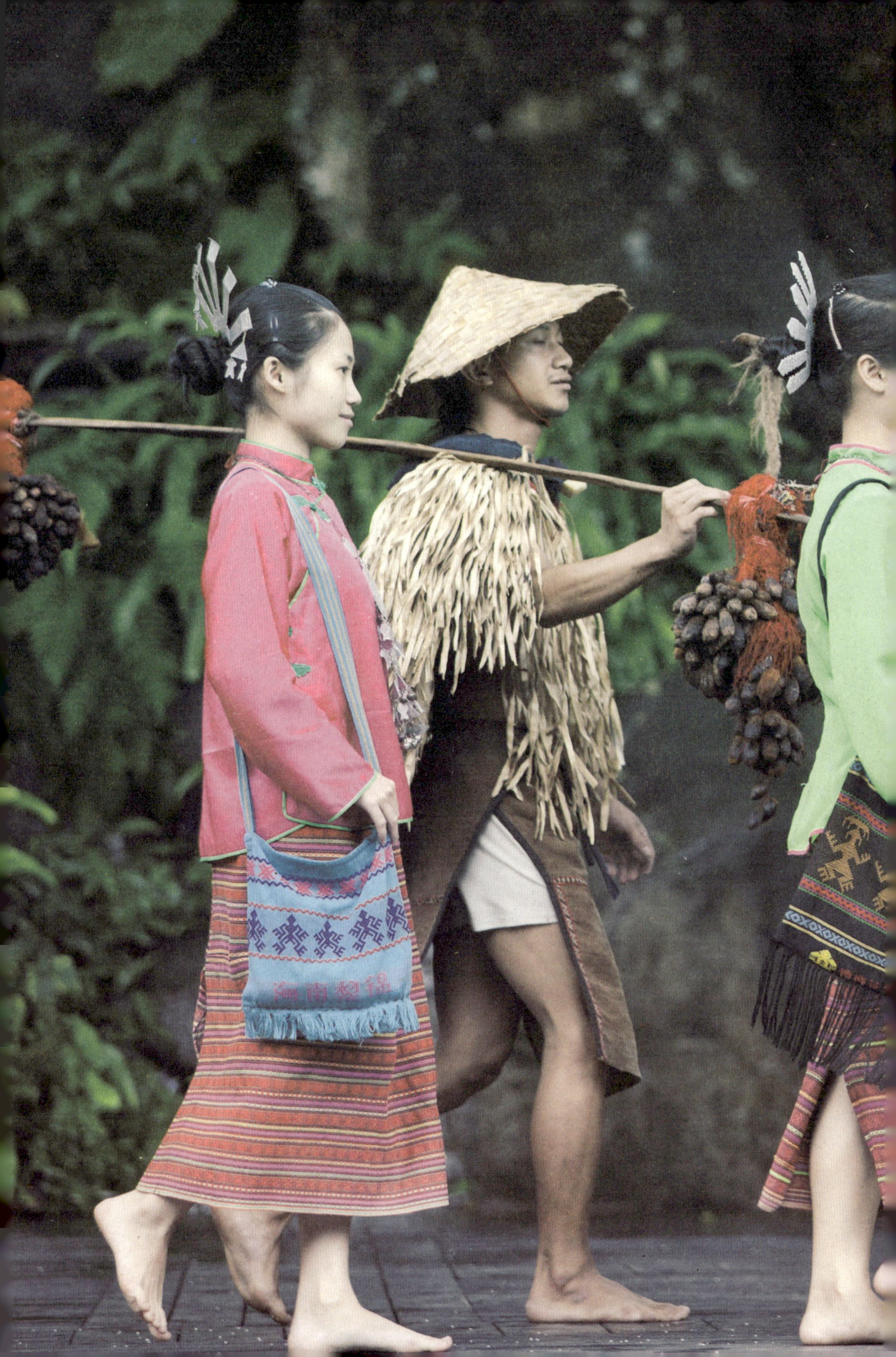
海南黎锦

绿色雨林访黎苗 ✿

　　海南不仅仅有海水的蓝、沙滩的白，还有大片的原始热带雨林，这些雨林点缀在山海之间，满眼的翠绿。雨林中的五指山和黎母山一带是黎苗居民的家园，他们住着船形屋，保留着传统的习俗，散发着浓郁的传统风情。

海南

每月亮点

1月（元旦）

游玩推荐：元旦嘉年华活动
地点：海口、三亚等市区

2月（农历正月十五）

游玩推荐：换花节
地点：海口市琼山区府城

3月（农历二月初六至二月十二）

游玩推荐：冼夫人文化节
地点：海口市龙华区新坡镇

4月（农历三月初三）

游玩推荐：黎族苗族三月三节
地点：海南黎族和苗族聚居区

5月（5月下旬）

游玩推荐：海南乡村旅游文化节
地点：琼海、琼中一带

6月（6月16日至22日）

游玩推荐：海南岛欢乐节
地点：海南各地

7月（7月下旬）

游玩推荐：赶海节
地点：琼海市潭门镇潭门湾

8月（农历七月初七）

游玩推荐：七仙温泉嬉水节
地点：保亭县七仙岭

9月（中秋节）

游玩推荐：儋州民间歌节
地点：儋州地区

10月（重阳节）

游玩推荐：南山长寿文化节
地点：三亚南山

11月（11月18日至21日）

游玩推荐：国际婚庆节
地点：三亚天涯海角

12月（12月下旬）

游玩推荐：国际冲浪节
地点：万宁

海南
地理

人口：约 1043 万人（2023 年末）

面积：陆地面积约 3.54 万平方千米，海域面积约 200 万平方千米

民族：以汉族为主，少数民族有黎族、苗族、回族等。

地形

海南岛四周低平，中间高耸，呈穹隆山地形，以五指山、鹦哥岭为隆起核心，向外围逐级下降，由山地、丘陵、台地、平原构成环形层状地貌，梯级结构明显。

五指山山脉位于海南岛中部，主峰海拔 1867.1 米，是海南岛最高的山峰。

海南岛较大的河流大都发源于中部山区，南渡江、昌化江、万泉河为海南岛三大河流。

海南岛本岛有长达约 1823 千米的海岸线，拥有优质的沙滩，是我国的度假胜地。南海岛屿云集，西沙群岛、南沙群岛、中沙群岛等岛礁散布于广阔的南海当中，是我国南部的"蓝色宝库"。

气候

海南是我国最具热带海洋气候特色的地方，全年暖热，雨量充沛，干湿季节明显，台风活动频繁，气候类型多样。

海南岛年平均气温为 23℃ ~26℃，全年无冬。全岛降雨充沛，东多西少，中部和东部相对湿润，西南部沿海则相对干燥。

海南
历史

远古时期

据海南三亚落笔洞遗址考古推算，距今约1万年前，海南岛已有人类活动。

西汉至唐时期

西汉元封元年（前110年），朝廷在海南置珠崖、儋耳两郡，海南纳入西汉王朝版图。

从西汉至南北朝，由广东、福建等地不断迁入的移民推动了海南东北沿海地区的开发。由隋朝至唐朝逐渐由北部向南部、西南部外围扩展，环岛开发基本完成。

宋、元时期

宋、元两代是海南开发的兴盛时期。为避北方战乱，大批移民进入海南。

宋代海南与广州、泉州、福州船只来往频繁，中国水师曾巡视西沙群岛。

1097年，北宋文学家、政治家苏东坡被贬至海南，与百姓相处融洽，留下诸多痕迹。

明代时期

从明代起，海南岛兴修水利，土地开垦规模扩大。

建于明代的崖城孔庙为古代海南岛最高学府，也是中国最南端的孔庙。

清代时期

清代海南兴起制糖业，锡矿、铜矿亦有开采，商业日趋活跃，与日本、新加坡、暹罗等均有贸易往来。清初海南编有《更路簿》，是渔民到南海诸岛的航海指南。

近现代时期

1931 年，中国工农红军第二独立师第三团女子军特务连正式成立，即为后来著名的"红色娘子军"。

1988 年 4 月 13 日，海南省正式成立，定海口为省会。

2001 年，博鳌亚洲论坛在海南成立，海南博鳌为论坛总部的永久所在地。

2010 年，海南国际旅游岛的建设步入正轨。

2012 年，海南省新设立地级市，即三沙市，市政府驻西沙的永兴岛。

海南
美食

在海南岛，有肥美多汁的海螃蟹、物美价廉的大龙虾、肉质甜美的芒果螺、新鲜爽口的海胆等琳琅满目的海鲜，还有糯米糕、椰子饭、抱罗粉、清补凉等海南当地的特色菜，以及海南四大名菜。

东山羊

东山羊是海南四大名菜之一，主产于万宁市东山岭。东山羊肥而不腻、食无膻味，且滋补养颜防湿热。

哪里吃： 位于天涯区渔村路六巷87号的海润东山羊火锅很正宗，强烈推荐。

文昌鸡

文昌鸡皮薄滑爽而且肉质肥美，传统吃法是白切，蘸着吃的酱汁则是精髓所在；同时配以鸡油、鸡汤精煮的米饭，俗称"鸡饭"。

哪里吃： 位于三亚市解放路步行街的哆利文昌鸡·海南鸡饭的文昌鸡十分爽口。

和乐蟹

　　和乐蟹是海南四大名菜之一，以甲壳坚硬、肉肥膏满著称。和乐蟹的烹调法多种多样，蒸、煮、炒、烤等均具特色，尤以清蒸为佳。

哪里吃：位于三亚市新居民路66号的阿龙海鲜农家乐，是很受当地人欢迎的一家餐馆。

椰子饭

　　椰子饭是海南传统农家小吃，外部是椰肉，里面是糯米，加上特殊的香料放在锅里面蒸制而成。

哪里吃：位于海口市龙华区大同路的海口骑楼小吃风情街，街内设有海南特色小吃、海南特色粉、海南特色饮品等区域，是了解海南饮食文化和品尝各地美食的好去处。

清补凉

　　清补凉是一种夏天清热祛湿的食品。海南清补凉不但可以降火，而且甘甜爽口。其主要由红枣、绿豆、薏米、芋头、西瓜、鹌鹑蛋、汤圆及椰子汁或红糖水等调和而成。

哪里吃：位于三亚市友谊街奥斯卡边上的郑阿婆店里的清补凉，是当地很受欢迎的饮品，店里的传统椰奶清补凉和椰奶冰球清补凉十分正宗。

海南
特产

海南的物产散发着浓浓的海洋和热带雨林的气息，充满浓浓的海岛、椰乡和民族风情。这里有琳琅满目的特色旅游工艺品、纪念品，如珍珠、水晶、椰雕、贝壳制品等；有各种热带水果及其加工品；有各种热带作物和海产的加工品等土特产。

蝶翅画

蝶翅画是以蝴蝶翅膀为主要材料，利用其独特的花纹，采用特殊技艺拼贴成的有油画、国画、水粉画效果的工艺画。蝶翅画是高档艺术品，有较高的观赏价值和收藏价值。

去哪儿买：蝶翅画是乐东黎族自治县的著名特产。

椰雕

用椰子壳雕刻而成的椰雕有椰雕画、椰壳娃娃、灯罩、小壶、钥匙扣及其他小饰件等，此外还有餐具、茶具、酒具、烟具、花瓶及各种类型的挂屏、座屏等，深受游客喜爱。

去哪儿买：文昌市文城镇文清大道椰子大观园。

黎锦

黎锦成品有筒裙、挂包、头巾、花带、包带等，色彩以红、黄、黑、白几种为主，构成奇花异草、飞禽走兽和人物活动等丰富图案，做工精细，色泽艳丽。其中黎族筒裙很受女性游客的青睐，黎族同胞用毛线钩织的挂毯也是极美的工艺品。

去哪儿买：保亭县是黎族的聚居区，推荐槟榔谷文化旅游区。

贝壳

海南有各种各样的贝壳螺壳，造型奇特，色彩斑斓。用海贝壳雕琢、镶嵌可制成各种画屏、器具、摆设等，还可制成多种多样的工艺品，如摆件、项链、胸饰等。

去哪儿买：在三亚亚龙湾贝壳馆可以买到做工精美的贝壳纪念品。

天然水晶制品

海南盛产天然水晶，质量特优、纯净莹润，有白、茶、紫、黑、绿、黄色等。根据原石的大小、厚度、尺寸，可加工成多样的项链、手链、胸饰、耳坠等。

去哪儿买：海口市龙华区海秀东路的海秀大道。

海南佛珠

海南佛珠主要分为四大类：金刚珠、琼珠、条纹珠、星月珠，在世界"四大名珠"中独占两席，金刚珠和星月珠荣列其中。

去哪儿买：文昌市会文镇是海南佛珠的主要产地。

银器

在海南，银器不仅可以制作成生活用品，还可以用来装饰器物或者服饰，很有特色，具有很高的收藏价值。

去哪儿买：位于陵水县英州镇英州村椰田古寨景区的银器很受欢迎，不过需要注意鉴别真假。

珍珠

海南的珍珠粒大质优，经过手工制作成的装饰品有项链、耳坠、胸花、戒指等，其工艺精细、晶莹华美，且档次齐全。另外还有可美容且价格较便宜的珍珠粉，也是很不错的纪念品。

去哪儿买：位于三亚市吉阳大道186号的京润珍珠文化馆是购买海南珍珠的好地方。

体验
丰富娱乐

美丽之冠

　　美丽之冠是三亚著名的美丽门户和地标性建筑之一，曾成功举办了多届世界小姐总决赛。这里的美丽之冠晚宴剧场，将顶级晚宴与大型国际性演艺完美结合，不仅可以让味蕾尽情绽放，还能欣赏百名外国佳丽原汁原味的大型拉斯维加斯原创歌舞秀。

体验地：三亚美丽之冠晚宴剧场。

三亚骏达车技表演

　　三亚骏达车技表演由欧洲五国顶尖车手联手打造，是一场国际顶级、惊险刺激、挑战极限的超高品位汽车特技（汽车和摩托车）表演。表演的节目主要有极速漂移烧胎、零距离漂移入库、底盘朝天两胎侧行、山地车、沙滩车前轮悬空表演等。演出过程中还有神秘嘉宾推出动感、搞笑的演艺节目，观众还可互动体验。

体验地：三亚骏达车技表演馆。

高尔夫

　　海南得天独厚的自然条件让高尔夫爱好者四季都可以潇洒挥杆。这里有建于滨海、温泉区、湖心岛等地的各类球场，环岛一周，能给打球者提供多种条件下的挑战机会。在潇洒的高尔夫旅程中，还能将绮丽的热带海岛风光尽收眼底。

体验地：三亚红峡谷高尔夫俱乐部。

帆船

　　帆船即利用风力前进的船。帆船运动是依靠自然风力作用于帆上，由人驾驶船只行驶的一项水上运动。它集竞技、娱乐、观赏和探险于一体，备受人们的喜爱。在海南，每年都会举行各种世界级的帆船赛事，中外参与者众多。

体验地：海口西秀国家级帆船帆板训练基地。

凤凰岛·海洋秀

　　凤凰岛·海洋秀是一场由专业水上运动表演团队打造的大型海上实景演出。该海洋秀以大海为舞台，以天空为幕布，集合了声、光、电、歌、舞、喷泉、水幕、烟花、焰火、摩托艇等各种表演形式。特色表演节目有摩托艇特技、水上滑板、海上飞行器、飞人等，让人眼花缭乱，目不暇接。

体验地：三亚湾凤凰岛海星大剧场。

风筝冲浪

　　风筝冲浪是一项借助充气风筝和冲浪板，驰骋于蓝天大海间的海上极限运动，它混合了特技风筝、帆板、冲浪、滑水、滑板等多种运动元素。海南四面环海，是中国乃至亚洲少有的海上运动和风筝冲浪胜地。

体验地：海口西秀海滩、文昌白金海岸、三亚蜈支洲码头、博鳌玉带滩等。

潜水

　　潜水是一项刺激又充满挑战的水下运动，它不仅能让人精神愉悦，还能改善人体的心肺功能。海南是中国最适合开展潜水运动的地方之一，在这里可以进行岸潜、船潜、夜潜等。

体验地：蜈支洲岛、西岛、分界洲岛海水水质好，是著名的潜水地。

海口
市区一日游

上午

先前往五公祠，在此可以暂避闹市之喧，在古色古香中享受难得的一份清幽。随后前往琼台书院，漫步在书香四溢的书院，听一曲琼剧《搜书院》，半分羡慕，半分欣喜。

下午

来到骑楼老街，走街串巷，尝一尝海南美味的牛腩饭、猪脚饭、煎粽等，在充满南洋风格的老建筑里，解读海口的前世今生。午后来到海瑞文化公园，观赏不染池，自然而然地想到海瑞为官忧国忧民，始终恪守官道，一尘不染，心中不由得升起一股敬意。

五公祠 —— 琼台书院 —— 骑楼老街 —— 海瑞文化公园

三亚
浪漫五日游

DAY 1

先去天涯海角，领略美丽的自然和海滨风光，还有天涯画廊、历史名人雕像，以及美丽的爱情神话。中午品尝美味的海鲜，午后来到南山文化旅游区，感受佛教文化的深远意境。

DAY 2

早餐后一睹蜈支洲岛的风采。午后乘游艇过海去南田温泉度假区，洗去旅途的疲惫，还可舒缓身心。

DAY 3

上午游览锦母角。锦母角是真正意义上的"天涯海角"，是探险和徒步旅游的绝佳去处。随后前往亚龙湾，踩着白皙的沙滩，看海沐浴阳光，享受这里的新鲜空气。

DAY 4

早上去呀诺达雨林景区，感受雨林深处的静谧和神奇，领略飞瀑戏水的刺激和乐趣。午后到鹿回头山顶公园逛逛，之后到小东海，尽情享受夜间海洋的神秘与瑰丽。

DAY 5

早餐后前往椰梦长廊，欣赏优美迷人的热带植物园林，享受慵懒的度假时光。午餐后前往第一市场，在此可以品尝许多罕见的热带水果，还能淘到心仪的纪念品。之后再到大东海海滩并肩看日落，真是浪漫无限。

南田温泉度假区　锦母角　　　　　　　　　　　　　　第一市场

天涯海角　　蜈支洲岛　　　　亚龙湾　　呀诺达雨林景区　　小东海　椰梦长廊　　大东海

南山文化旅游区　　　　　　　　　　　鹿回头山顶公园

阳光沙滩

海南最美的地方

　　清澈的海水，细白的沙滩，灿烂的阳光，旖旎的海底乐园，构成了迷人的海南，其中沙滩则是海南最美的地方。海南岛绵延着约 1823 千米漫长而优美的海岸线，目前开发的几大海滩仅占全部海岸线的 20%，开发面积不到 7%。三亚的天涯海角和亚龙湾美如仙境，而众多不知名的港湾沙滩更是让人们无限向往。

　　亚龙湾是海南五大美丽海湾之一，半月形的海湾绵延 7.5 千米，是海南的名景之一。亚龙湾的沙滩平缓宽阔，沙粒洁白细软，沙滩好似一条环绕海湾的白色玉带，湾内风平浪静，海水湛蓝。

　　位于海南西部的棋子湾水清见底，沙细质软，洁白如银。海岸奇峰林立，怪石嶙峋，林木苍翠，山花烂漫，阳光明丽，四季如春，是难得的天然浴场，也是进行日光浴和沙滩浴的理想之地。

神秘海岛
星罗棋布的明珠

在中国南海辽阔的海面上分布着大大小小成百上千个岛屿，按地理位置可分为四个群岛，除东沙群岛属于广东省管辖外，西沙群岛、中沙群岛和南沙群岛都属于海南省三沙市管辖。这些岛屿星罗棋布，是中国与东南亚各国海上交通的必经之地。

西沙群岛像朵朵睡莲，珍珠般浮在绿波万顷的海上。三沙市政府驻地位于其中的永兴岛，这也是三沙市最大的岛屿。岛上植被丰茂，椰林林立，有中国南海诸岛工程纪念碑、海洋博物馆、守岛部队军史馆等景点。周边有永乐龙洞、银屿等美景。去西沙群岛旅行需要参加旅游团。

中沙群岛是中国南海位置居中的群岛，西距西沙群岛的永兴岛约 200 千米。因暗沙和深海颜色不一样，极易分辨。早在 200 多年前，隐藏大量暗沙的中沙群岛就已作为航行标志，多条航线均经此而过。

南沙群岛位于我国南海南部，是我国南海诸岛四大群岛中分布海域最广、岛礁最多、位置最南的群岛，由大大小小 200 多个岛礁沙洲滩组成，其中多数不具备适宜人类居住的自然条件。

舒适温泉
放松身心的梦田

　　海南岛地处环太平洋地震带，地质构造复杂，地热活动十分活跃。这里不仅有充沛的海洋资源，还有十分丰富的地热资源，这为温泉产业的开发利用创造了条件。

　　海南岛已发现有几十处天然温泉，平均每 1000 平方千米就有一处温泉，密度之高居全国之首。在这些温泉当中有低温热矿泉（32℃～40℃），有中温热矿泉（40℃～60℃），有中高温热矿泉（60℃～80℃），还有高温热矿泉（80℃～100℃）。它们多数属于氟硅型热矿水，还含有诸如溴、碘、锶、氡和硫化氢等微量元素和化合物。

　　海南温泉资源得天独厚，它们或依着山，或傍着海，或"长"在河边，或冒在田里，其分布总与大自然浑然一体、相映成趣。南田温泉、蓝洋温泉、兴隆温泉、七仙岭温泉等都是放松身心的好去处。

黎族风情
最炫黎族风

　　在海南漫长的历史发展过程中，逐步形成了黎族独有的风俗习惯。

　　黎族男子一般上身穿无领对胸无纽扣麻衣，腰间前后各挂一块麻织长条布，头上缠红布或黑布，形状有角状和盘状。黎族妇女一般穿对襟或偏襟，直领或圆领上衣，上衣边沿绣花，并缀以贝壳、铜钱、串珠等饰品，下穿桶裙，头发扎成球形，插以骨簪或银簪。

　　黎族人民居住的房屋很有特色，一般呈船底形和金字塔形，建房屋的材料有茅草、木料、竹子、红白藤、山麻等。木料多用优质、坚固耐用的格木。

　　黎族的历法以 12 天为一周期，每天都以一种动物命名，顺序是：鸡日、狗日、猪日、鼠日、牛日、虫日、兔日、龙日、蛇日、马日、羊日、猴日，周而复始，节日以春节和三月三盛会最为隆重。

黎族船形屋

干栏式茅草屋

黎族船形屋是黎族民居建筑的一种，具有非常明显的民族特色，流行于海南黎族聚居区。这种房屋多用竹木搭建而成，因外形酷似船篷而得名。船形屋一般分为三间，中间为厅，两边为居室；也有前后两间的，前面为厅，后面为居室。

船形屋的椽子以屋脊为中心向两边弯到地面，盖上茅草或葵叶当两面"墙"，风墙用竹编成。

茅草屋为落地船形屋，长而阔，茅檐低矮，这样的风格有利于防风防雨。

黎族习俗

黎族习惯一日三餐，主食大米，有时也吃一些杂粮。习惯将收割的稻穗储于仓中，吃时拿一把在木臼中脱粒。黎族有一种颇具特色的野炊方法，即取下一节竹筒，装进适量的米和水，放在火堆里烤熟，用餐时剖开竹筒取出饭，这便是有名的"竹筒饭"。

屋内较少隔房，客厅、厨房连在一块。家具多是木制。

白查黎族村

东方市江边乡白查村是海南船形屋保存得最完整的自然村落之一，被誉为"黎族最后一个古村落"，现存 81 间船形屋。2008 年，该村船形屋被列入国家非物质文化遗产保护名录。

屋内为泥地，村民从外面挖回黏土，把地面铺平，浇上水后双脚踩平，晒干或晾干地面，使之平坦坚硬。

房子门向两端开，分为前后两节。屋中间立 3 根高大的柱子，黎族话称"戈额"，象征男人，两边立 6 根矮的柱子，黎族话称"戈定"，象征女人。

船形屋有铺地形和高架形之分。铺地形的地板以石头垫高，离地面一尺左右。地板上有宾主卧室，地板下可养禽畜。高架形的地板用木桩支撑，离地面约六尺，上面住人。

刺激潜水

探寻海底的秘密

畅游海底是人们由来已久的愿望，而潜水这一近年来日渐流行的水下休闲活动让无数人探秘海底的愿望成为现实。

海南三亚的海水清澈透明，能见度为 8~16 米，海岸线由众多的珊瑚礁组成，海底景观绚丽多姿，良好的生态环境吸引了众多形态各异、色彩斑斓的热带鱼种来此定居，形成了三亚海底绚烂多姿的景观。三亚被国际潜水专家认为是南太平洋最适宜潜水的旅游胜地之一，三亚周边的亚龙湾、蜈支洲岛和西岛海域都是绝佳的潜水胜地。

需要注意的是，潜水是一项危险性较大的项目，并不是每一个人都适合，下水前要做好足够的心理和身体方面的准备，还要配备必要的潜水设备，在水下要避开礁石等物，另外切记不要在有暗流或危险动物的海域潜水。

休闲度假

轻松惬意的享受

　　海南岛是一个热带岛屿，其四周环海，风光旖旎。阳光、海水、沙滩、绿色、空气五大度假旅游要素俱全，是著名的度假胜地，每年吸引大量游客前来这里度假休闲。

　　在大江南北银装素裹的时候，忙碌了一年的人们纷纷将春节的假期选在了热带的三亚。在三亚，你可以光着脚漫步海滩，感受南海吹来的温暖海风；你也可以在海水中嬉戏游泳，与海浪进行一次次的亲密接触；如果不想动的话，那就在海滩的木椅上闭目养神，享受阳光洒满全身的惬意。

　　海南的度假村一般都建在距离景点非常近的地方，这里的度假村康乐设施一应俱全，如网球场、桌球、冲浪按摩池、乒乓球场、露天舞台、各类温泉泳池等。海南著名的度假村有亚龙湾鸟巢度假村、亚龙湾爱琴海 PADI 潜水度假村、山海度假村、新世界度假村等，为海南创建国际旅游岛打下了坚实的基础。

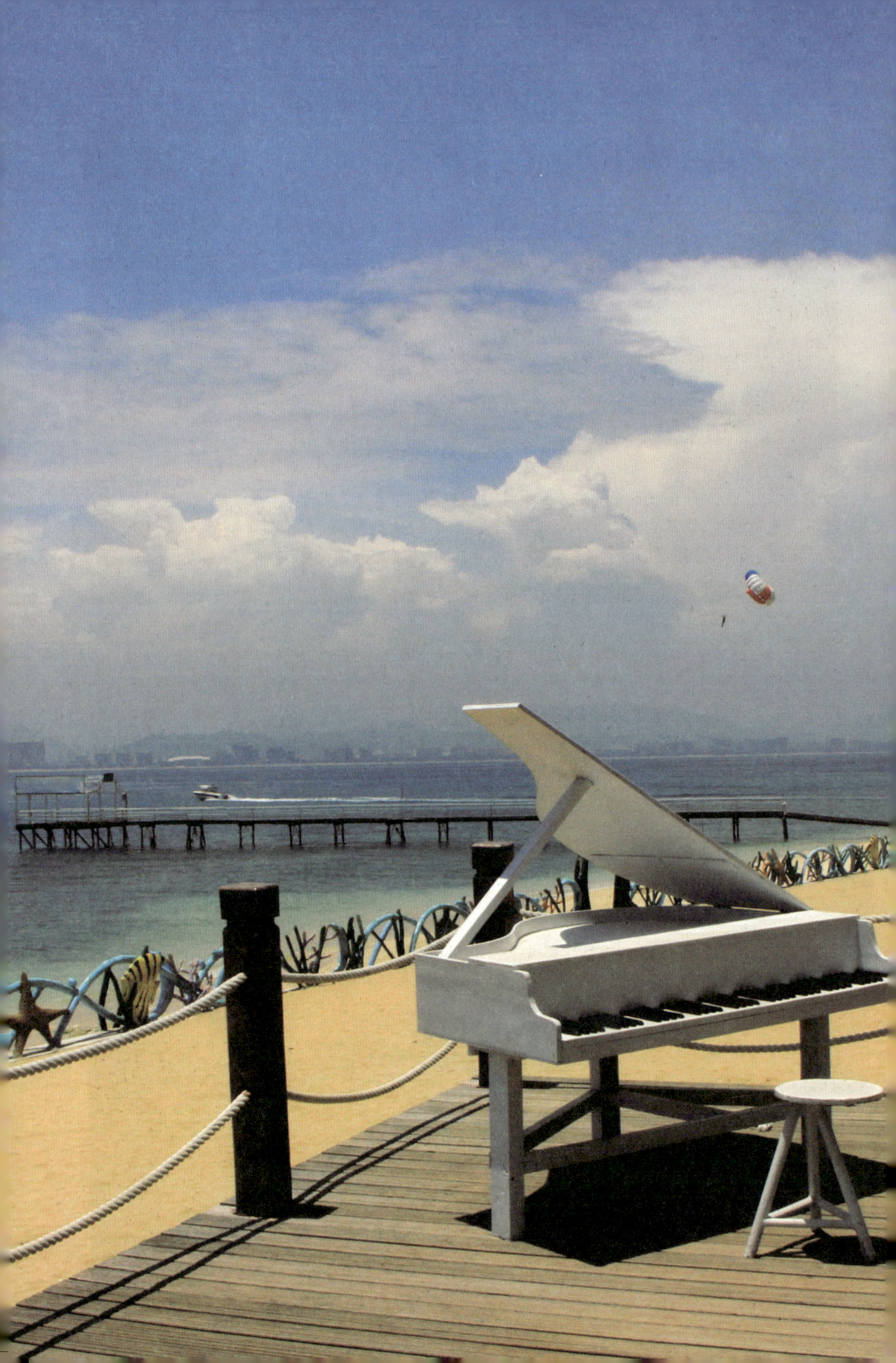

第 1 章
三亚

南山文化旅游区
南山大小洞天
崖州古城
天涯海角
西岛
三亚湾度假区
鹿回头山顶公园
大东海
亚龙湾
蜈支洲岛

尖峰岭热带雨林

毛公山

五指山

九所镇

崖城镇

保国农场

崖州古城

三亚国际高尔夫球场

亚运会南端点火台

环岛西线高速公路

凤凰国际机场

崖州湾

南山港

南山文化旅游区

珠江温泉

南山大小
洞天游览区

小月湾

红塘湾

海洋动物园

爱心大世界

崖城市

南山寺

101米海上观音

天涯海角风景区

肖旗港码头
（西岛码头）

三亚湾度假区

凤凰岛

西岛海上娱乐世界

东岛

鹿回头山顶公园

三亚海滨示意图

五指山

七仙岭温泉　　　吊罗山国家森林公园

保亭

藤桥镇　　　环岛东线高速公路

新村镇

毛岸镇　　　　　　　　　　　　　　　三特索道

响水镇　　　神州第一泉　　　　　　　南湾猴岛
（珠江南田温泉）

甘什岭自然保护区　　新政镇

三道农场

落笔洞　　　　　　　　　　　铁炉港码头

槟榔沟　　　　　　　　　　　蜈支洲岛度假中心

田独镇

红沙

红峡谷高尔
夫球俱乐部

亚龙湾蝴蝶谷

港口岭

亚龙湾
高尔夫球会　　　　亚龙湾海底世界　　亚龙岭

亚龙湾中心广场

大东海游览区

亚龙湾国家旅游度假区

榆林湾

野猪岛

小东海游览区

太阳湾

西洲　　　东洲

头岭

南山文化旅游区

吉祥福泽之地

微印象　@北纬18度　我觉得这应该是三亚最值得去的地方了，南山很大，景点也很漂亮，游览至少得花一天的时间。

门票和开放时间

门票：旺季（10月至次年4月）129元，淡季（5月至9月）108元。游览车30元。

开放时间：8:00～17:00。

最佳旅游时间

南山的最佳旅游时间是从9月份到农历春节。特别是冬季，当全国很多地方寒流来袭时，这里仍可以穿着夏装和沙滩鞋。

进入景区交通

位置：三亚市崖州区南山村，距三亚市区约40千米。

公交：可乘5路、25路、57路、116路等多路公交到南山景区站下车。

景点星级

美丽★★★★　休闲★★★★　人文★★★★★　浪漫★★★　特色★★★　刺激★★

南山是海南岛最南端的山，历来被称为吉祥福泽之地，中国传扬千古的名句"福如东海，寿比南山"，道出了南山与福寿文化的悠久渊源。南山文化旅游区是依托南山独特的山海天然名胜和丰富的历史文化渊源开发建设的大型景区，主要建筑有不二法门、长寿谷、南山寺、海上观音、素斋购物一条街等。

❶ 不二法门

走近南山文化旅游区，首先进入眼帘的是气势宏大、清静庄严的大门景观，门楣上大书"不二"两字，为南山景区的标志性景观。

攻略

1.不二法门往东是慈航普度园，园内的金玉观音阁里供奉着举世闻名的"金玉观音"，被称为海南"镇岛之宝"，值得一看。

2.坐环线电瓶车在长寿廊下车后有个很小的庙，叫南山别院，这是南山最早的一个寺庙。

3.如果时间不是很紧，建议步行游览南山，一路走走停停，十分舒服，如坐电瓶车的话会漏掉很多漂亮的小景点。

❷ 长寿谷

长寿谷位于南山东麓，谷线全长约2300米，其间林木郁郁葱葱、岩石突兀奇特，主要景观包括芒果林、长寿林、百年古树、寿倒三松、百寿堂、百岁阶、铜制"无量寿佛"和一个代表谷中所流之水实乃救度众生之水的铜制皮袋"流水尊者"。"流水尊者"以"流动"和"静止"的状态揭示着传统"寿"文化的内涵。

故事 "鳌山寿谷"名字由来

长寿谷入口处有一座明清建筑风格的牌坊，牌坊上书写着"鳌山寿谷"四个大字。传说观音的坐骑巨鳌行至南海之滨时，发现这里是福地洞天，人杰地灵，这里的人都长命百岁，于是巨鳌便畅游南海之滨，伏卧福地，形成了今天的南山。

③ 南山寺

南山寺位于景区西南部,有仿唐建筑仁王殿、兜率内院、金堂、多宝佛塔等建筑。南山寺同时又是我国最南端的仿唐寺庙。

仁王殿内供奉的密迹金刚和那罗延金刚是寺院的守护神。兜率内院供奉着七尊佛像,主尊为天冠弥勒,左右胁侍分别为大妙相菩萨和法苑林菩萨,四周为四大天王护法。金堂即大雄宝殿,主要供奉三世佛,四周为罗汉像。

攻略

1.从南山寺沿海边向西有一个岗亭,过了岗亭是一条沿海的笔直的大路,走上3千米就是小月湾,这里特别适合拍婚纱照和举行户外活动,风景非常美。

2.南山寺僧人每天5:30左右会敲钟,共108次,然后陆续到达大雄宝殿开始诵经,6:30左右结束,农历初一和十五时7:00左右结束,游客可以跟僧人一起上早课。

④ 三十三观音堂

观音堂内有观音33种化身像,主观音为"乘龙观音",高4.3米,其余32尊观音塑像每尊高2.3米,群像均采用大漆材料和最先进的贴金彩鎏工艺。这些观音造型生动,雕工精细,栩栩如生。此外,还有展现民俗文化的龙五爷殿、天下第一龙砚等。

攻略

旅游区的大海边上有四栋树屋,是为南山树屋。这些屋子均架在百年酸豆树上,浑然天成,在这里眺望一望无垠的大海别有一番情趣。

小贴士

建议事先对佛教知识有所了解,也可以在游客中心找个导游讲解。

南山文化旅游区示意图

缘起楼素斋
吉祥钟亭
十八罗汉　南山别院
俯高凭净
吉祥经　长寿
僧房
白色亭
③ 南山寺　白鸽广场
金堂
教海观涛
兜率内院
观海平台

❺ 海上观音

　　观音圣像位于南山南麓的南海之中的金刚洲上，像高108米，是世界上最大的白衣观音像。圣像体为正观音的一体化三尊造型，每一面观音手中所持之物都不一样，正面是"持箧观音"，右面是"持珠观音"，左面是"持莲观音"，分别寓意着"智慧""慈悲""和平"。

　　观音像脚踏108瓣莲花宝座，莲花座下为金刚台，金刚台内是面积达15000平方米的圆通宝殿，圆通宝殿内的八根金刚护法柱每根直径为1.5米，长21米，直接承载着整个观音像的重量。

攻略

　　海上观音圣像充分运用高科技手段，组合运用声、光、电技术进行大型灯光夜景演示，充分展示了"佛光普照""踏海而来"等观音文化艺术效果，值得一看。

至西线高速公路、海口　　　　　　　海榆西线　　　　　　至天涯海角、三亚市区

妙
金
山

车辆收费站

景区售票处　❶ 不二法门

八音泉

东区西来花架　　承露亭
鹿场　　　　　　宝瓶涌水
金玉观音阁　　耳根通
　　　　　　　　　　　电瓶车售票处

❷ 长寿谷
竹林
嘉言壁
休闲会馆　　心经石刻　　书法及观音化身像

休闲会馆餐厅
海景会馆　　　　　　　　　　　菩提园
竹林别墅　　　　　　　　　　经桶柱
　　　　　三摩地
　　　　梵钟苑
时来运转祈愿树
❹ 三十二观音堂
缘悦苑
天下第一龙砚　　生态树屋

菩提桥
　　　　　❺ 海上观音
　　　　　金刚洲岛

点赞　👍 @我爱travel　第一次看到南海观音像是在飞机上，虽然是在空中俯瞰，但依然很清晰。走进南山，被南山的美所吸引，此外还有金佛像、菩提树林，都给我留下了深刻的印象。

攻略

景区交通 游遍景区不犯愁

① **电瓶车**：区内的主要交通工具，持票到站点随上随下，可以游览一周，在不二法门处上车，乘车游览需1.5~2小时。

② **包车**：景区内提供专人专车服务，行驶线路可根据游人要求而定。

③ **海上观音游船**：往返于东码头和西码头之间，绕行金刚洲一周，途中会停留，方便游客在甲板上拍摄观音圣像。

住宿 驴友力荐的住宿地

南山文化旅游区内可以居住的酒店有南山休闲会馆、三亚南山迎宾馆等。

南山休闲会馆拥有5种不同风格、7种房态的客房共233间，其中明清苏州园林式风格的四星花园客房52间，180度海景、俯视108米观音的五星海景客房144间，餐饮时尚入流，会议厅按国际标准建立。

美食 饕餮一族新发现

旅游区内用餐不贵，建议吃有名的南山素斋。素斋的原料一般是用深山菌类、魔芋、豆制品等制作，营养丰富。比较有名的餐厅有：缘起楼素斋餐厅、禅悦苑素斋餐厅、南山休闲会馆海景餐厅。

缘起楼素斋名气很大，非常美味，有时间可以去尝试一下，禅悦苑素斋相对来说价格较低。

南山大小洞天

琼崖第一山水名胜

@泡泡游鱼 景区山石嶙峋，寿星公惟妙惟肖，颇为壮观，山上密布仙人掌，一路上的海湛蓝湛蓝的，是个值得一去的景点。

@请叫我可乐 相比三亚其他地方，大小洞天是一个没有怎么被污染的地方，空气很好，如果在那里住上一个晚上，好好享受一下那种环境会更好。

门票和开放时间

门票：免费。往返游览车28元。彩虹滑道48元，丛林飞车98元，悬崖秋千88元。

开放时间：8:30～19:00。

最佳旅游时间

大小洞天所处的位置是三亚乃至海南岛气温最高、最干旱的地区之一，因此冬季是这里最好的旅游季节。

进入景区交通

位置：三亚市以西约40千米处的南山西南隅。

公交：三亚市区乘坐25路、30路公交均能到达大小洞天站。

景点星级

美丽★★★★　休闲★★★★　浪漫★★★　刺激★★★　特色★★★　人文★★★

大小洞天因奇特秀丽的海景、山景、石景与洞景被誉为"琼崖八百年第一山水名胜"，自古留下了众多名人胜迹。在这里，崖州湾弧弦百里、碧波万顷，鳌山云深林翠，岩奇洞幽，遍布大小石群，宛如一幅古朴优美的山海图画。

历代文人骚客莫不钟情于这一方山水。宋末元初，女纺织家黄道婆把先进的植棉、纺棉技术从崖州带至中原，留下千秋史话。风景区内至今仍有"小洞天""钓台""海山奇观""仙人足""试剑峰"等历代诗文摩崖石刻。

攻略

1.大小洞天每年农历二月初二都举行中国三亚龙抬头节，以道家仪式祭祀龙王和海洋，届时四面八方的百姓都会来到这里祭海神求平安，非常热闹。

2.自古以来，大小洞天就是人们登高怀秋的胜地，每年重阳之日，历代官贾百姓于此登高望远，抒怀铭志。

3.小月湾休闲区背靠鳌山，面向南海，依山傍海建有沙滩吧、木屋别墅与帐篷营地，可以在此进行度假住宿、婚庆蜜月、婚纱摄影与露营拓展等活动。

走入景区就会发现门前广场地面是一幅巨大的太极图，一块长满鲜花的巨石上镌刻着"道可道，非常道"几个字，象征着道家文化的博大精深。广场边上有三亚自然博物馆，主要从事古生物和现代生物的研究，馆藏品主要包括称为"20世纪最惊人的发现"的辽西热河古生物化石，海南当地独有的动、植物珍贵标本，以及被誉为"东方神木"价值连城的海南阴沉木、五指山黄蜡石等。

继续前行，到了滨海处，只见一块巨石上刻有"小洞天"三个大字，这是本景区代表性的景观。"小洞天"由许多大小不一的礁石组成，洞口一侧有一块石头叫"蛤蟆石"，好像是大青蛙仰望蓝天。顺着蛤蟆石上行，就是"钓台"，"钓台"两个大字已经有700多年的历史了。

故事　小洞天鲨鱼救人的传说

传说明代崖州崖城的水南小蛋村有一个叫王邦相的书生，搭乘商船从崖州湾港门港前往海口参加科考应试，不料船驶到大海，发现有鲨鱼群翻波作浪，大有船沉人危之势。按当地习俗，得有一人下去喂鲨鱼才能化解危难。人们只好各自往鲨鱼群扔下自己的手巾、衣物，其中有一条鲨鱼叼了王邦相的手巾，于是王邦相真的跳下海去，这鲨鱼立即闯来把他背起，一直背到鳌山头的麓下这个小洞天的沙滩上。后来，浪大船沉，船上无一幸存者，救邦相的鲨鱼离水而死，邦相得救。

为感念这鲨鱼的恩义，邦相备好棺材，把它埋在鳌山脚下的小洞天旁边，筑石成坟墓，立碑以示永远纪念。

沿海边小道继续行进，前面就是景区的另一奇景"海山奇观"。只见海天辽阔，山势峻峭，树绿山青，海碧沙白，果然是海山奇观。宋代吉阳军知军毛奎在此开山筑路，修亭挂匾，摩崖题咏，刻石点景，为"小洞天"和"钓台"命名，并以"海山奇观"为景区总名。

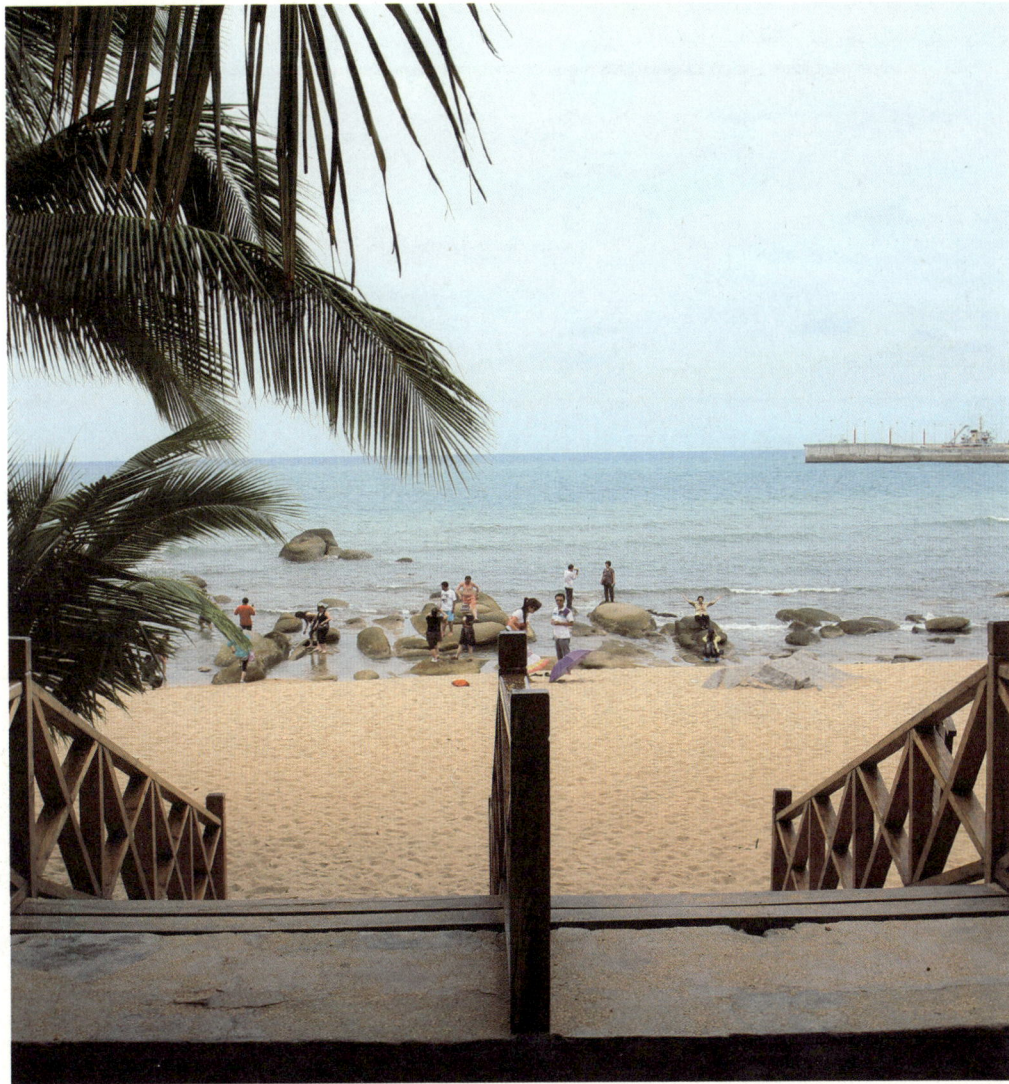

点赞

👍 @任萌 虽然去大小洞天那天是阴天，却感受到了别有风味的海天相接景象。景区内礁石很多，可以爬山，还看见了传说中的不老松和热带雨林植物，是很有意义的一次旅行。

👍 @kristy313 这里比其他景点的人少很多，环境很幽静，晚上还可以进行自助烧烤，是一个适合度假的地方。

在小洞天一带集中分布着一片片树干粗壮、叶呈披针形、没有细树枝的奇特的树，这就是龙血树，雅称"南山不老松"。龙血树被称为植物中的活化石，树龄很大，属已濒临灭迹的珍稀树种，而这里就有 3 万多株，郁郁葱葱，蔚为壮观。

攻略

1.在不老松群两旁有清朝慈禧太后的"御笔之宝"——寿字碑和仙翁寿石，仙翁寿石的"寿"字为陈抟所书，由"人""寿""年""丰"四字构成，喻义寿比南山。

2.由南山不老松树林往西走会看到一个亭子，叫作岩瞻亭，是观看晓月和聆听石涛的好去处。由此继续北行，有一个观鳌亭，在此可以一览大海，是最佳的观海场所。

攻略

住宿 驴友力荐的住宿地

大小洞天景区内住宿很方便，有生态木屋、海边别墅和海景帐篷可以选择，但价格稍贵，如不想多花钱，可返回三亚市区内住宿。

生态木屋：掩映于小月湾沙滩上的原始雨林中，背靠鳌山，面向南海，外观原始自然，内观温馨舒适，是一幢幢沐浴在涛声中的小木屋。

海景帐篷：搭建在海岸沙滩木质地台上，每顶帐篷前有小型观海平台，帐篷内配置高档防潮床垫与全套床上用品，既浪漫，又温馨舒适。

美食 饕餮一族新发现

景区内设有餐厅，中式和西式餐食都有，有海上风情饭店、素崖轩中餐厅、鲸·宴中餐厅等，还有小月湾自助烧烤。

海上风情饭店：位于南山文化旅游区释海旅租南50米。这家饭店食材新鲜，服务热情，龙胆石斑鱼、清蒸金鲳鱼、白灼麻虾、爆炒鲜活母蟹等菜的口碑都很不错。

素崖轩中餐厅：位于南山旅游区，是一家粤菜馆，脆皮芝麻风沙鸡、蜜汁叉烧等菜品的风味不错，值得一尝。

鲸·宴中餐厅：位于海洋探索世界内，餐厅比较大，环境清爽，海南本地、粤式、川式的菜系都有，适合不同地域、不同口味的人群食用。

行程推荐 智慧旅行赛导游

游人可乘坐电瓶车游览景区，有两条路线可以选择：

第一条路线是上山路线：从椰林吧乘坐电瓶车出发直达半山腰观海平台——玄妙阁终点站，然后再继续步行游览山上及海边所有景点，在指定乘车点乘车返回。

第二条路线是海边路线：从椰林吧乘坐电瓶车出发直达最远的景点——小月湾终点站，然后往回走看海边及山上所有景点，在指定乘车点乘车返回。

特别提示

❶ 景区内贝壳类的旅游纪念品有很多，刚看见的时候可能会爱不释手，但千万不能一时冲动大肆购买。购买时要学会讲价。

❷ 不要购买天然珊瑚，那是国家禁止售卖的。售卖人工珊瑚的商家，需有相关许可证才是合法商家。

崖州古城

古代众多名人的流放地

@斯人往事 崖城的老房子让人难忘，崖城的大街景象也给人留下较深的印象，街上车水马龙，各类汽车、三轮车、拖拉机等应有尽有，一派繁忙热闹景象。

@生亦何欢 在崖城这段历史的长河里，你可以真正体味到岁月的沧桑，凝视那些耄耋之年的老人，你对于生命会有些新的感悟！

门票和开放时间
门票：免费。开放时间：7:00～19:00。

进入景区交通
位置：三亚市崖州区。

公交：在市区乘坐58路公交到达古城门站下，步行前往。

景点星级
美丽★★★★　　休闲★★★★　　人文★★★★　　浪漫★★★　　特色★★★　　刺激★★

三亚古称"崖州"。多年前三亚市区向西40多千米，便是崖城镇，崖州古城在镇中心。早在宋朝时期便创建，后经元、明、清三个朝代的扩建，逐渐成为以前海南规模最大的一座坚固的城池。

古城原为土城，南宋庆元年间始砌砖墙，此后历经数代的拓址扩建，逐步形成了规模宏大的古城区。古城现保存着南门、北门西侧50米城墙，西北处长200米、宽约30米的护城河，护城河中的一座砖拱桥等，城内遗迹仍十分丰富。民国初年建造的南洋骑楼老街也是一处不可错过的景点。

👨‍👧 亲子研学

崖州古城的名人典故

从唐朝起，不少官僚名人被奸臣陷害，曾被流放到崖州城来。如唐朝的韦执谊、韩瑗，宋朝的赵鼎、卢多逊、胡铨，元朝的王仕熙，明朝的王倬、赵谦等，因此崖城又有"幽人处士家"之称。

唐高僧鉴真和尚于唐代天宝七年（748年）第五次东渡日本时，遭遇强台风袭击，所乘坐的帆船漂流到崖州城，他在这里帮助修建了大云寺，留下了一批佛教经典，这是崖城文化史上带有神奇色彩的宝物。

元朝女棉纺织革新家黄道婆，也曾居住在崖城的水南村近40年之久。

① 崖城学宫

崖城学宫又称崖州孔庙，为古崖州最高学府，是我国祭祀孔子最著名的纪念性建筑之一。学宫宫墙前是一座"少司徒"牌坊，上面所刻显示了明嘉靖年间少司徒（官职）受钦差到崖州的历史，走过横在牌坊和学宫间的街道，就到了学宫门口。门口的石碑上书"文武官员至此下马"，是现代复制的石碑。进入学宫，放眼所见的陈设一如平常见到的孔庙格局。

崇圣祠是学宫内的主要建筑之一，圣祠东西对称而居，分别布置着冼夫人和黄道婆的塑像，两位杰出女性分列孔庙核心区域的前方，为孔夫子守大门，这样的布置可是特例。

进入大成门便是大成殿，殿身为五开间三进深，重檐歇山顶，正脊上压着两条蛟龙，一起相对守护着正中间的明珠；大成殿内供奉的孔子坐在金边花格包围的高堂上，比较怪异的是还戴着皇帝才有资格戴的玉珠垂帘帽，胡须满鬓，衣着光鲜。

👍 **@一江春水** 据说崖城学宫已经有900多年的历史。学宫建筑规模、用材、工艺堪称崖州建筑之最，是崖州的代表性古建筑。

点赞

❷ 古民居

崖城镇的古民居共有 134 座，绝大部分建于清代，大都相对保存完整。门楼、正室、横屋、正壁组成的生态庭园四合院，是古民居最具建筑艺术和布局特色的形式。

历史名人故居有林缵统故居、林学光宅居、黎作俊三兄弟宅居等。林缵统故居为四合院落布局，占地面积约 600 平方米，原貌保存基本完好。现居住着林氏后人。

点赞 👍 @激情岁月 虽然找不到多少古村的迹象，但我仍然感觉到了南方村落的美丽。村落布局纯真自然，处处繁花似锦，到处是油棕、椰树，绿树婆娑，花果簇簇，椰树丛立。

❸ 盛德堂

盛德堂始建于南宋，距今已有 800 多年的历史，原为唐代宰相裴度第十五代孙裴闻义故居，南宋抗金名相赵鼎和名臣胡铨贬崖居此，胡铨题匾"盛德堂"而得名。这栋建筑为典型的宗祠建筑布局，分为门楼、过廊、过厅、正厅、围墙五大部分，占地为 500 多平方米。

围绕"盛德堂"和裴氏一族的沧桑变化及和它有关的人文掌故，已演绎出崖州独特的先贤文化和"贬官"文化。而古往今来，名宦、诗人等不断前来观瞻，或赞美或凭吊"盛德堂"的诗歌则成就了崖州独有的文化底色，也让"盛德堂"成为历史上崖州的文化中心。

攻略

崖州古城的黎寨餐厅非常具有特色，餐厅装饰多以茅草盖顶，木制墙裙，服务风格引入黎族待客风俗，清秀的黎族少女身着民族服装待立两旁，态度热情。晚饭更有民族歌舞可以欣赏，椰盅、西瓜盅、竹筒饭、五色饭，色香味美，更是洋溢着阵阵民风雅气。

❹ 广济桥

广济桥始建于明景泰年间，原为木桥，后清康熙年间僧人募修为砖石拱桥，崖州知州张擢之等为之刻碑作记。桥虽历经岁月，但雄风依存。广济桥又被称为"状元桥"，古时，村里凡赶考之人必须穿过此桥，久而久之，村民称其为"状元桥"。

广济桥是三亚现存的古代单孔桥，桥长 15 米，宽 4.5 米，拱高 4.76 米，为单孔砖石混砌拱桥。呈南北走向，横跨于官沟上。在清康熙九年（1670年）由广度寺性俊和尚筹募资金建造，对研究海南岛古代桥梁史，具有一定的历史价值。

❺ 迎旺塔

迎旺塔与崖州古城墙、孔庙相望而立，是崖州古文化的印记。建于清咸丰元年（1851 年），为崖州知州徐泳韶同州人捐建。

迎旺塔为砖物建筑，高约 20 米，七级六角形，塔中为空心，七级塔身向上逐层而建，显"尖"字形。首层内径 3 米左右，塔内有五梯可攀登。令人惊奇的是，因地层变化，无论是从东南西北方向瞻仰迎旺塔，均有向后倾斜之感，但塔的结构、砖石、送印式檐、中空、塔刹、塔基保存基本完好。

链接 古崖州三塔

据史书记载，古崖州曾有三座塔：文峰塔、西关塔和迎旺塔。但文峰塔和西关塔今已不复存在，只有迎旺塔尚在。

天涯海角

爱情栖息地

@2012大大木头 到了三亚必去天涯海角，一是因为天涯海角是三亚的标志，二是心里有种强烈的感觉：走到了世界的尽头。

@fruily 天涯海角是一个爱意浓浓的景区，无论是绿色的植物，还是褐色的石头，都会让人不自觉地联想到爱情的清新明亮和长久坚固。

门票和开放时间

门票：免费。往返游览车22元。室内项目和海上项目单收费。

开放时间：8:00~19:00。

进入景区交通

位置：三亚市天涯区下马岭山脚下。

公交：在三亚市区乘坐5路、25路、116路、鹿城山海文旅专线等多路公交均可抵达天涯海角。

景点星级

浪漫★★★★★　特色★★★★★　美丽★★★★　休闲★★★★　人文★★★★　刺激★★★

Follow Me 海南深度游

　　"天涯海角"一词，早时是用来表达一种异乡的情结，经过千百年的积淀，承载了丰富深刻的文化内涵。清雍正年间，崖州知州程哲在景区一海滨巨石上题刻了"天涯"二字，之后又有人在相邻的巨石上题写了"海角"二字，使这里成了名副其实的"天涯海角"。

　　这里碧水蓝天一色，烟波浩瀚，帆影点点，椰林婆娑，奇石林立，那刻有"天涯""海角""南天一柱""海南南天"等字的巨石雄峙海滨，使整个景区如诗如画，美不胜收。

❶ 历史名人雕塑园

　　进入景区前行不远，便是历史名人雕塑园。走进雕塑园，迎面而来的是一组三根并排而立的石柱——"瑞牛柱"。"瑞牛柱"高近10米，中柱居高，柱顶为牛角与立木的艺术造型。牛在黎族是吉祥、富足与兴旺的象征。柱身雕刻的图案取材于黎族的各种传统题材，栩栩如生，反映了黎族的风情习俗，仿佛图腾柱的含义。

　　再往前走就是一些历史名人雕像，分别是路博德、马援、鉴真、黄道婆、林缵统、冼夫人、李德裕、胡铨等。这些人为海南的发展作出了重要贡献，雕像形象逼真。

天涯海角示意图

爱情石
神象沐海
马援雕像　　游船码头
路博德雕像
情侣树
天涯海角星雕塑　　仙人叠石
❷　　❸
爱情广场　芭篱凝霞苑
玉兰含苞
赵鼎雕像
赵朴初题诗
钟芳雕像　　热带植物群
胡铨雕像　三亚人雕像
❹　海判南天石
鉴真大师雕像　李德裕雕像
沈鹏题诗
❶ 历史名人雕塑园　　龙凤呈祥
洗夫人雕像　　天涯文化苑
黄道婆雕像　　电瓶车站
林缵统雕像　　医务室
邮政服务　　投诉中心　热带雨林景观
电瓶车站　　景区出口
瑞牛柱　　票务服务　P 停车场
景区入口
游客中心

048

李德裕（787—850年），唐朝末年最出色的政治家之一，任内平定叛乱，消除了危及中原的权力。后因为极力反对"朋党之争"，最终成为所谓"朋党"牺牲品，于848年被贬到海南，两年后死于贬所。他在琼期间，著书立说，奖善惩恶，备受海南人民敬仰。

② 爱情广场

再往前走便是爱情广场，广场两旁的椰子树郁郁葱葱，象征充满生命力的爱情之树常青。广场中间矗立着一块石刻碑，正面镌刻"爱情广场"，另一面镌刻"永结同心"，象征着永恒的爱情。还有一个不锈钢制作的雕塑——天涯海角星也位于广场中，它由三个圆弧构成，分别代表"子午环""赤纬环""赤经环"。中心的水晶制星体代表宇宙中的"天涯海角星"，反映它包含于浩渺无边的宇宙之中。

攻略

1.从爱情广场的银沙海滩处远望，会看到海中矗立着两块心形石碑，它们分别是铭刻着"爱"字和"情定天涯海角，相爱白头到老"的浪漫誓言碑，两块石碑形似一对甜蜜的情侣，男的挺拔坚韧，女的温柔多姿。

2.景区有"天涯购物寨"，里面出售各种海南特产，可在此购买作为纪念。景区内还开展了多项海上游乐项目，如摩托艇、快艇、潜水等，价格较贵，但可讲价。

③ 笆篱凝霞苑

爱情广场的右边便是笆篱凝霞苑，由珍稀观赏植物区、千年海贝等景观共同组成。

植物区古木参天、藤萝交织、小桥潺流，令人乐而忘返。值得一提的是杪椤，树型美观、四季常青、雍容华贵，号称"植物界活化石"。

往前走会看到一块远古时期的巨大贝化石与珊瑚石牢牢镶嵌在一起，它们像团结之心相拥在大海旁，一起欣赏海天明月，一起观看海天一色，一起遥望天际。

祥龟探海
天涯石(平安石)
⑤
游船码头
南天一柱石(财富石)
进步石
海水浴场
滨海摩崖石刻景区
海角石(幸运石)
天涯树
观海亭
吉祥石象
隐身观音像
极目天涯
平安门
游客休息区

点赞

👍 @yy9696 景区环境还是不错的，也有很多拍照的好地方，随便走走半天就够了，天涯和海角两块石碑的意义大过景色。

👍 @种豆南山下 去的那天阳光很好，心情也跟着好起来，拍了很多美美的照片。头顶上经常有飞机飞过，在椰树林上空，也算是一道风景。

④ 海判南天石—南天一柱石

穿过笆篱凝霞苑，可见矗立的摩崖石刻"海判南天"，近 300 年来在波涛汹涌的大海边栉风沐雨，与不远处的"南天一柱"默然厮守，巍巍然令人感怀，共同构成了天涯海角的文化奇观。

南天一柱石呈圆锥形状，像一支神笔直指苍穹，高约 7 米，正面看像一颗哲人的头颅，侧面看像一艘古船上升起的"双桅帆"。第四版 2 元人民币背面的图案就是这里的"南天一柱"。

故事 南天一柱石的传说

相传很久以前，陵水黎安一带海面上恶浪翻滚，渔人出海往往翻船丧生。王母娘娘的两位仙女偷偷下凡，立身于南海中，为当地渔家指航打鱼，渔民的生活从此安定美好。王母娘娘知道后，便派雷公雷母抓两位仙女回去，二人不从，化为双峰石，矗立海上继续为渔民引航。雷公大怒，将双峰石劈为两截，一截掉在黎安附近的海中，一截飞到三亚，成为今天的"南天一柱"。

⑤ 天涯石—进步石—海角石

继续前行，就是天涯石了，又称平安石。"天涯"二字是清代雍正年间崖州知府程哲所书。它经历着风雨和海浪的考验，依然笑傲于蓝天白云之下。相传它是南海上亿年的"石祖"，被派镇守南海，祈求南海风平浪静，保佑众生四季平安。

进步石与平安石毗邻，由上百块形态各异的巨大石头垒叠在一起，层次分明。拾阶登高，步步高升，顿时海阔天空，环望天际，笑傲南海。

海角石又名幸运石，从空中遥望，宛若一簇盛开的莲花。1938 年 11 月，琼崖守备司令王毅在天涯海角的这块临崖绝壁上题写了"海角"二字，意欲与日本侵略者背水一战、绝处逢生。经过艰苦的抗战，终于成功。

故事 天涯海角石的传说

传说有一对热恋的男女，分别来自两个有世仇的家族。他们的爱情遭到各自族人的反对，于是被迫逃到此地，双双跳进大海，化成两块巨石，永远相对，就成了今天的天涯石和海角石。

攻 略

景区交通 游遍景区不犯愁

电瓶车：景区内有电瓶车代步，从大门到南天一柱石约有2.5千米，可步行或乘坐景区内的电瓶车，游览需要2个小时，车票15元。

住宿 驴友力荐的住宿地

天涯海角距离三亚市区不远，可以当天返回市区内住宿，如想在天涯海角附近住一晚上体验一下，可以选择住在不远处的天涯镇。比如，鲸歌海景民宿（马岭社区黄龙街266号），星海斑斓美宿（马岭东二街73号）。大型酒店有金莎海景酒店（马岭街159号）等。

美食 饕餮一族新发现

景区出口处有许多快餐店，有饮料、水果、烤肠、汤粉等小食出售，还有个天涯茶餐厅，里面的豆腐和炒饭都不错，价格也不算贵，可在此吃便餐。

行程推荐 智慧旅行赛导游

游览路线推荐：景区入口—爱情广场—海判南天石—南天一柱石—天涯石—海角石—天涯路—出口。

西岛

海上桃源　动感乐园

微印象

@溪边的姑娘　海是清澈透明、多彩变幻的美，天是一望无垠的蓝，坐着快艇，乘风破浪，绝对是一种痛快的放松。

@塞北雄鹰　非常不错的地方，刺激的快艇、洁白的沙滩、清澈的海水、丰富的水上运动、欢快的鱼儿，一切都让人流连忘返。

门票和开放时间

门票：旺季（10月至次年4月）98元（含往返船票），淡季（5月至9月）95元（含往返船票）。

开放时间：由肖旗港出发上岛时间为8:30～17:30。

最佳旅游时间

每到夏秋之交，小岛附近的海面正好是寒流和暖流的交接处，水温适中，这时会有大量虾群和鱼群在这里游过，此时去可以吃到不少海鲜。

进入景区交通

位置：三亚市三亚湾海域。上岛均从肖旗港码头乘船，码头至西岛约5.5千米。

公交车：乘坐16路、25路、26路等公交到西岛站下车转船。

景点星级

美丽★★★★　刺激★★★　浪漫★★★　特色★★★　休闲★★★　人文★★

西岛又名西玳瑁洲，与毗邻的东岛（东玳瑁洲）恰似在碧波中鼓浪而行的两只玳瑁，"波浮双玳"自古便是三亚的一道胜景。西岛全岛面积约2.8平方千米，世代居民打鱼为生，由于远离城市，海水污染少，岛上风景秀丽，空气清新，沙滩柔和，海水清澈见底。环岛海域生长着大量美丽的珊瑚，保护完好，聚集生活着各种色彩斑斓的热带海鱼，宛如一个巨大的热带海洋生态圈。

西岛由"一港两岛"组成，即肖旗港客运码头、西岛海上游乐世界、牛王岛游览区；"五部十景"是西岛的核心项目，即潜水、海上运动、拖曳伞、海钓、沙滩五大休闲运动俱乐部，海角金沙、金牛望海、海誓山盟、开天辟地、灵龟奇石等十大核心景观。

亲子研学

玳瑁是什么

西岛形似玳瑁，盛产玳瑁，和玳瑁有着不解之缘。玳瑁又叫文甲、十三棱龟等，体长60~170厘米，体重约为45千克。玳瑁是海洋中较大而凶猛的肉食性动物，经常出没于珊瑚礁中，主要捕食鱼类、虾、蟹和软体动物，也吃海藻。它的活动能力较强，游泳速度较快，上下颚强而有力，不仅能弄碎蟹壳，还能嚼碎软体动物的坚硬外壳。

1 西岛游乐世界

海拔120多米的西瑁岭郁郁葱葱，登顶远眺，向北可远观三亚的城市风光、三亚湾椰梦长廊及天涯海角、南山海上观音、鹿回头等景区优美的远景轮廓；向南可欣赏烟波浩瀚的南中国海，海天一色，令人遐想。

西岛游乐世界被海水包围，被三亚湾环抱的西岛水阔潮平，是开展海上运动的乐园，有海底潜水、摩托艇、拖曳伞、海钓、香蕉船、皮划艇等各种水上项目，不同年龄、不同兴趣和不同体质状况的游客都能各得其所，满足对纵情海上的憧憬。

点赞 @疯子在路上 西岛是珊瑚礁保护区，这里沙滩多礁石，踩在上面不是很舒服，但是这里海上游玩项目多，而且海水也很不错，潜水、香蕉船、露营棚、快艇、拖曳伞等这些都挺好玩，最喜欢它的椰林吊床，真想躺上面就不走了。

@小黑哈哈 如果不是身临其境，很难相信有这么美、这么享受的地方，在风景如画的地方，享受刺激的娱乐项目，吃着海鲜大餐，躺在树荫下的吊床上，真是一大美事！

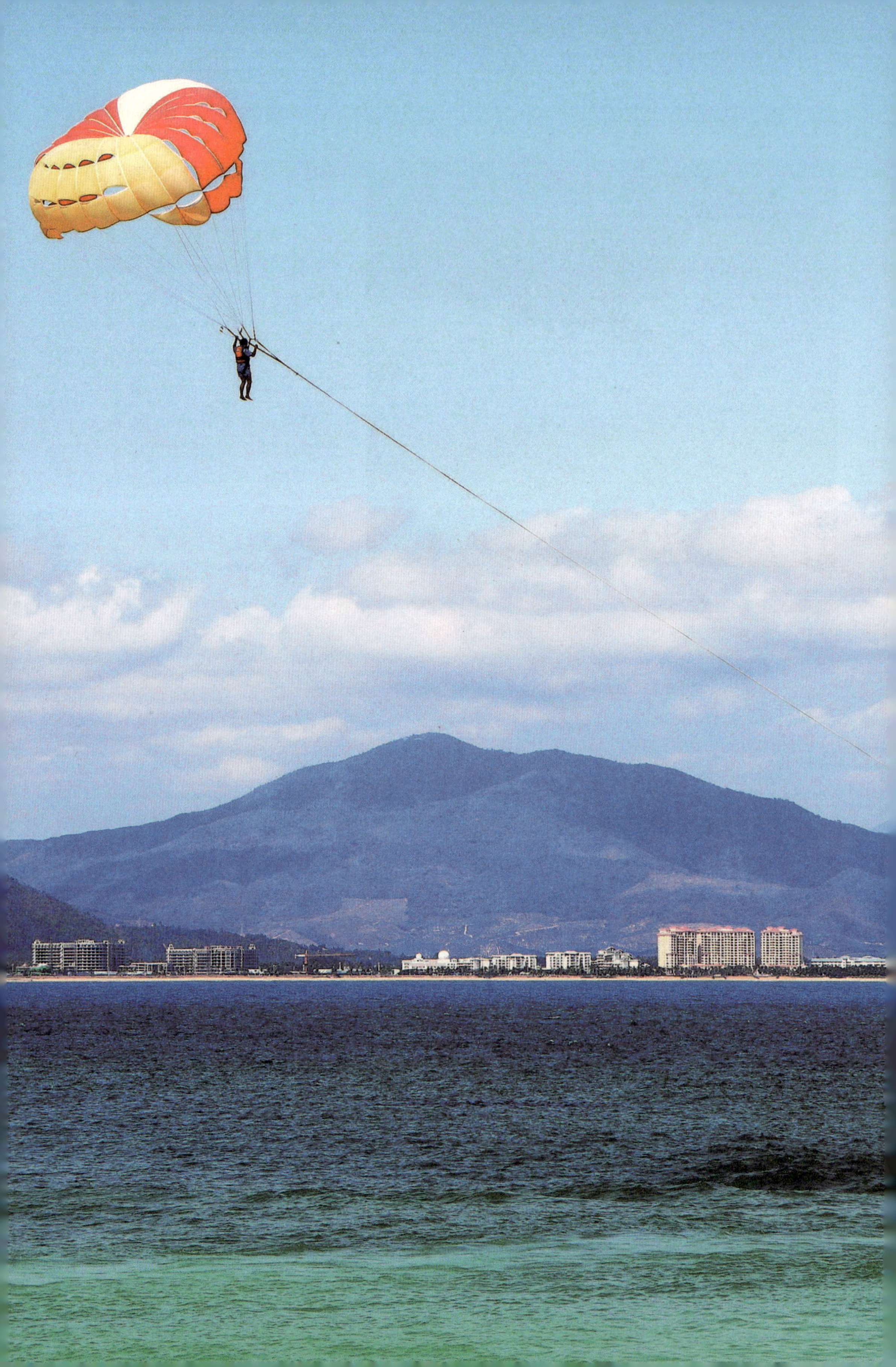

在蔚蓝的西岛上，玩一下刺激浪漫的拖曳伞快艇项目，鸟瞰城市美景。

攻略

1.潜水：西岛海底生物种类非常多，在这里可以观赏到鹿角珊瑚、冠状珊瑚和五彩斑斓的鱼类及海星、海葵、海胆、海螺等，潜水项目有水肺体验潜水、岸礁潜水、珊瑚礁潜水、船潜、精品船潜、海底漫步、海底摩托等。

2.骑行环岛：西岛休闲的地方都是成片椰林，可以骑自行车环岛。中途还有椰林吊床，中午可以在上面睡个午觉。

西岛示意图

钓鱼俱乐部　　金沙角海滩

A区码头　　　　　　海上运动俱乐部

海底漫步平台　　　　　　　　　B区码头

贝壳长廊　　　　沙滩休闲区

西岛游乐世界　　1　　环

潜水平台　观日亭

潜水区

西瑁渔村　3　　东

渔民码头

环

岛　　　　　　　　路

玻璃船观光区　　　　　　　　渔村

岛

西　　　　　　　自然生态保护区
　　　　　　　　原始森林

第二开发区

路

观海平台　2
牛王岭　　开天辟地

金牛奔海

通海洞

灵龟石

② 牛王岭

　　牛王岭是一个与西岛几近相连的袖珍小岛，拥有最原始的海岛风光，可以欣赏到壮阔的海天一色风景、鬼斧神工的礁石景观、雄浑的日出日落及星罗棋布的军事遗迹。

　　岛上海浪剥蚀的花岗岩礁石形态怪异奇特，呈青蛙、牛鼻、乌龟、狮子头等形态，尤其一处"灵龟石"甚是逼真，不禁令人赞叹大自然的鬼斧神工。此外，礁石间深达百米的裂缝，生长龙虾等海洋动物，当海潮涨落或者风浪拍打时会发出奇怪的声响，甚为诱人。

攻略

　　1.牛王岭距西岛海上游乐世界约2.3千米，乘电瓶车或骑自行车经环岛西路和一条长长的海上栈道便可抵达。

　　2.从牛王岭望去，在东岛和西岛之间有两块极像两杆墙帆的礁石，叫作双帆石，是大鱼出没的地方，为船钓的绝佳位置。

　　3.岛上有一个古老的防空洞，穿山而建，洞洞相连，洞中套洞，里边还建有指挥所和营房，洞内凉风习习，很是惬意，可以走一走。

③ 西瑁渔村

　　西岛有人类居住的历史已经有400多年，现在岛上分东村、西村和新村三个小村庄，村民世代以打鱼为生，居民700多户，近4000人。

　　村里有很多珊瑚石老房子，是以前的渔民从海里捡来珊瑚石后盖起的。由于靠近海边，风大，并且又是台风的频繁光临地，所以古时的房子都不是很高，但是很有自己的风格和特色，而且非常牢固耐用。

攻略

　　1.旅游纪念品加工是岛上主要的产业，渔家小院会堆放一些珊瑚石和彩贝，村民用它们做成各式的手链、耳环等饰品，如喜欢可以买一些。

　　2.在西岛的东面海域有一个钓鱼俱乐部，最大的一个垂钓平台面积200多平方米，可同时容纳100多人钓鱼，还有经验丰富的钓师随时进行指导帮助，钓上的鱼可以现场做成美味鲜汤或拿到岛上餐厅加工。

攻略

景区交通 游遍景区不犯愁

① 电瓶车：岛内有电瓶车可代步，可乘车到牛王岭，价格为40元/人。

② 自行车：景区内有出租的自行车，可以租辆车环岛。

住宿 驴友力荐的住宿地

西岛酒店群由位于西岛游乐世界景区内的海景酒店和帐篷营地、西岛渔村内的西岛民宿等特色酒店组成，可以在岛上住上一两天，观看一下海上日出日落。

美食 饕餮一族新发现

渔村中有各种餐馆，能吃到各式美食。琼阿婆簸箕饭，位于临海路24号，能吃到正宗的簸箕饭；椰林婆婆椰子鸡，紧邻海边，椰子鸡味道很好。

三亚湾度假区

二十里椰林画廊

微印象

@懒懒的羊 三亚湾有着长长的海岸线，海边有椰树，在海边走感觉很好，晚上还有烧烤，很惬意！

@乡愁 三亚湾海水虽不如亚龙湾漂亮，但是很热闹，因为靠近市区，傍晚还经常会看到跳舞的三亚市民。

门票和开放时间

门票：免费，水上项目自费。开放时间：全天开放。

进入景区交通

位置：三亚市河东区境内，东临港口、市区一带。

1.公交车：乘坐8路、25路等公交到美丽新海岸站下车，沿海岸线步行即达。

2.观光巴士：线路为亚龙湾—大东海—三亚湾—西岛码头—天涯海角。

景点星级

美丽★★★★　浪漫★★★★　休闲★★★★　刺激★★★　特色★★★　人文★★

三亚湾位于三亚风景群的核心，银色海滩伴着蔚蓝海岸伸展，与三亚城区完美相融。作为风情海湾，这里沙滩平缓，海面开阔，湛蓝天宇映衬着碧波万顷，景象万千。

三亚湾海岸绵延22千米，湾长沙细，岸上绿树如带，构成三亚滨海旅游城市美丽动人的风景线。长长的海湾划分为三段，紧连市区一段为游乐观光漫游区域，稍远为公共海边泳场和海上活动区域，再远是拥有一批度假村的休闲度假区域，在这里可享受海湾的舒适与乐趣。

❶ 椰梦长廊

椰梦长廊是环三亚湾修建的一条著名的海滨风景大道，有"亚洲第一大道"之称。它长20千米，毗邻大海。临海一侧为景观优美迷人的热带植物园林，与银色的沙滩、蓝色的大海相映成趣，组合成一幅色彩斑斓的长卷画图；另一侧是魅力四射的休闲度假区，布局巧妙、风格各异的幢幢别墅、座座宾馆等园林式现代建筑处处林立，营造了优美的生态环境和最佳的休闲度假环境。

攻略

1.椰梦长廊附近有许多旅游度假区，所以这里集聚了许多豪华酒店和别墅区，酒店档次高，设施完善，别墅鳞次栉比，环境幽雅，可以选择在这一带住宿。

2.由于三亚湾位于三亚市西侧，是赏日落和火烧云倒映在海面的壮丽景色的绝佳位置。

凤凰国际机场

凰凤路

至三亚市区

凤凰镇

嘉和海景国际公寓

天福源酒店

圣芭芭拉国际度假公寓

椰蓝湾度假酒店

椰林滩大酒店

蓝海银滩度假村

海上明月花园度假村

海悦湾度假酒店

海虹路

金海大酒店

玉海·国际度假公寓

海坡度假区

阳光海岸度假小区

三亚湾假日酒店

瀛寰度假公馆

国航·帕尔美纳

海岸艺墅

② 华源度假村

国光滨海花园

景利莱度假酒店

椰 梦 长 廊

① 阳光棕榈湾

至海月广场

三亚湾度假区示意图 ③

点赞

👍 @小米 椰梦长廊一定要在傍晚时分去，可以看到美丽的夕阳，情侣们手牵手漫步在沙滩上，十分浪漫。

👍 @海阔天空 名字起得很好，漫步在这里，吹着海风，听着海浪的声音，真的很惬意。

---

② 海坡度假区

海坡度假区位于三亚湾的西部，沙滩质地柔软，海水洁净，是著名的旅游度假胜地。度假区的海滩上建有各种造型的亭台，散放着躺椅，供人们观海和休闲。海边的绿树、草坪、椰林等与各家酒店茂密的花木融为一体，把蔚蓝的大海、雪白的浪花映衬得更加妩媚。傍晚时分在这里的滩边欣赏晚霞是最具情调的事情，当巨圆的落日在海平面上展现，天际海鸟蹈着金灿灿的阳光迎面飞来，其情其境，呈现一种惊心动魄的美。

> **小贴士**
>
> 三亚湾度假区东临港口、市区一带，因生活污水的污染，海水、沙滩大不如前，目前正在进行海湾整治，暂不适合游泳。

海坡度假区是三亚酒店的聚集地之一，这里云集了许多世界最高星级的著名酒店，如三亚新环境海景度假公寓、玉海国际度假公寓、椰蓝湾度假酒店等，这些酒店鳞次栉比地分布在海滩周边，与蓝天、碧海、绿地、金沙共同构成了一幅美丽画卷。

解说

从三亚湾放眼望去，东、西玳瑁洲（俗称东岛、西岛），两座小岛浮于海中，相邻而望，西岛是三亚著名的旅游景点之一。

3 海月广场

海月广场是三亚湾离海最近的广场，华灯初上时，这个面积为 2.5 万平方米的海滨广场、亲水平台，已经成为零距离接触、感受三亚人民夜生活的最佳去处。

整个广场为城市中心轴线与海滨景观轴交会处的节点。"海月"二字取自唐人张九龄诗《望月怀远》中的千古名句："海上生明月，天涯共此时。"广场上创意十足且摇曳多姿的柳叶雕塑，以及以大海中的"明月"为构思的水池，与美丽的三亚湾融为一体。

解说

白天的大部分时间，人们徜徉于广场和海滩，漫步亲水，共享海天一色；夜幕降临，海月广场聚集着来自四面八方的游人和市民，人们跳着舞尽情享受着生活的快乐。

攻 略

住宿 驴友力荐的住宿地

三亚湾以新建的度假酒店和家庭旅馆居多，其中三亚湾假日度假酒店是一家拥有超大双层泳池的豪华五星级度假酒店；另有多家度假酒店，房价均比大东海、亚龙湾便宜不少。此外，三亚湾也是开家庭旅馆小区最多的度假区，设施不错，且价格便宜，推荐碧海蓝天和兰海花园小区。

三亚丽禾温德姆酒店：位于新城路93号。酒店拥有400余间豪华客房、套房和6个特色餐饮场所，并配备有现代滨海热带园林、超大室外泳池、室内外儿童俱乐部。

三亚海韵度假酒店：位于三亚湾中心的独立沙滩上，为东南亚度假风格的酒店，客房视野开阔，有软榻、私密的露台浴缸。另外，酒店拥有丰富的亲子设施，如水上儿童滑梯、儿童乐园、后花园真人CS、森林城堡等，特别适合亲子游家庭。

美食 饕餮一族新发现

三亚湾外贸路汇聚了从三亚的海鲜，到兰州拉面店，再到东北小吃店大江南北的风味，但一般人还是以吃海鲜为主。

三亚湾附近的友谊路也是美食一条街，分布着琼菜名吃、烧烤排档和友谊社区海鲜广场等。当然，也可以留在万嘉戴斯酒店三亚湾海滩上，尽享日落海景和海鲜烧烤BBQ晚餐。

小海豚海鲜餐厅：位于三亚湾路193-2别墅，为三亚湾一带人气较高的海鲜餐厅之一。5千米内有专车免费接送。这里海鲜新鲜，明码标价，现捞现做。

嗲嗲的椰子鸡：位于三亚湾路167号，是海南本地很受欢迎的椰子鸡连锁店，服务贴心。果地椰子鸡汤、海南黑猪肉粽、手工马鲛鱼滑、海南鸡油饭等当地特色菜都可以吃得到。

郑阿婆椰奶清补凉：位于友谊路奥斯卡边上。三亚老店，纯手工制作的清补凉是店里的招牌。这绝对是值得一尝的海南特色甜品。

一块豆腐私房菜：位于三亚湾友谊路与外贸路交叉口，中式装修风格。豆腐做的菜是店里的招牌菜，其他推荐菜有招牌狮子头、老婆婆家茄子、招牌茶香鸡等当地菜。

行程推荐 智慧旅行赛导游

三亚湾一日游行程：上午在海滩晒日光浴，也可游泳或参加水上项目；下午可以在椰梦长廊漫步；傍晚时候可以观赏三亚湾独有的渔家拉网活动，如果有兴趣的话，可以加入拉网大军中，体验真实的渔家生活；晚上可在室外的吊床中入睡，海风习习，椰林轻摇，很是享受。

特别提示

❶ 在海边会有很多摩托车拉客，说可以带你去吃便宜的海鲜，大家要小心提防，最好不要和他们搭话，不然会很难脱身，他们会一直纠缠到你去为止。

❷ 打车的话，最好别问出租车司机哪里的海鲜最好吃，不然如果碰上黑心司机可能会拉着你到处逛，最后到一家所谓的最好的海鲜餐厅，这种一般价格会比较贵。

鹿回头山顶公园

南海情山

微印象

@请叫我可乐 鹿回头是个有美丽传说的地方，公园里树梢上有很多猴子，嬉戏玩闹挺有趣的，从山顶还可以俯瞰三亚的风光。

@金色的琴弦 鹿回头的夜景特别美，在探照灯柱的观景台看山下的渔船灯火和三亚市夜景，五光十色的灯光交相辉映，清凉的山风迎面扑来，不是一般的惬意。

门票和开放时间

门票：免费，观光车28元。

开放时间：8:00~22:30。

进入景区交通

位置：三亚市西南端约3千米处的鹿回头半岛内。

1.公交车：乘坐54路、55路公交到鹿回头景区站下车即达。

2.自驾：从三亚市区榆亚大道的鹿岭路口进入，驱车约3千米即可到达鹿回头半山腰的停车场。从停车场登到山顶只需十来分钟，无须乘坐滑道。

景点星级

美丽★★★★ 浪漫★★★★ 特色★★★ 休闲★★★ 人文★★★ 刺激★★

鹿回头因一个美丽动人的传说而得名，山顶公园根据传说在山上雕塑了一座高12米、长9米、宽4.9米的巨石雕像，三亚市也因此被人们称为"鹿城"。这里山岬角与海浪辉映，站在山上可俯瞰浩瀚的大海，远眺起伏的山峦，三亚市全景尽收眼底，景色极为壮观。

公园曲径通幽，顺着山势建有哈雷彗星观测站、白色的听潮亭、红色的观海乾、情人岛，此外还有猴山、鹿舍、黎家寮房、龟鳖天堂、游鱼仙池等。山上鲜花四季盛开，姹紫嫣红，异彩纷呈，更可喜的是，在这里还可以品尝到海南椰子中的珍品——红椰子。

故事　鹿回头的美丽传说

相传，古时候有一位黎族青年头束红巾，手持弓箭，从五指山追赶一只美丽的坡鹿来到南海之滨，前面山巅悬崖下便是茫茫大海，坡鹿无路可走。青年正要张弓搭箭，忽见烟雾腾空，火光一闪，坡鹿蓦然回首，在九色的光晕中变成一位美丽的黎族少女，刹那间感动了黎族青年，于是两人倾心相爱并结为恩爱夫妻定居于此。此山因而被称为"鹿回头"，成为青年男女海誓山盟的情山。

在鹿回头山脚下可以看到色彩斑斓的鹦鹉鱼群、五光十色的海星、奇形怪状的寄蟹、其貌不扬的海参、海蚯蚓和珍奇的小亚鱼，此外还有海铁树、海柳、珊瑚树、海葵、鸡毛草、软珊瑚和海蚌、水母、海刺、海绵等海底观赏物，绚丽多姿，令人向往。

进入公园大门，首先是一条长约1.2千米蜿蜒盘旋的山路，道路两旁林木茂密，是海南特有的热带季雨林，沿途还栽种着各种热带植物花卉。进入第二道入口，便来到鹿回头公园主景区，右边的一片亭台建筑是顺风台，专为游客观赏海景而修建。

攻略

1.从顺风台往前，便是风格独特的"玫瑰抱"风情购物街。这条街仿照海南黎族的民居风格，有走廊、吊桥、茅屋、亭台、楼阁，几乎全部用原木建造，质朴粗犷。

2.公园还专门修建了许多黎族文化景观，在山顶花园建有黎族的对歌台、表演台、寮屋、牛车等，每天定时有黎族歌舞表演。山道沿途还有丰收图、吉祥图、祭祀图等黎族图腾石刻。

3.从玫瑰抱下行，就来到鹿苑，这里饲养着近百头梅花鹿和海南特有的坡鹿。

4.晚上站在三亚湾以鹿回头的灯光为背景照相不错。

5.每年天涯海角国际婚庆节期间，情侣们会来到这里海誓山盟，情定终身。

鹿回头山顶公园示意图

天孙别意
秋横织机
爱情双塔
鹿园
顺风台
问讯处
停车场
爱字摩崖
夫妻树
月下姻缘
商场
仙鹿树
鸽园
山盟碑
茶座
观景平台
滑道站
观海台
医疗站
紫气东来
滑道站
千年古榕
W.C
南国晨曦
情墙
售票处
林鸣春香
大门

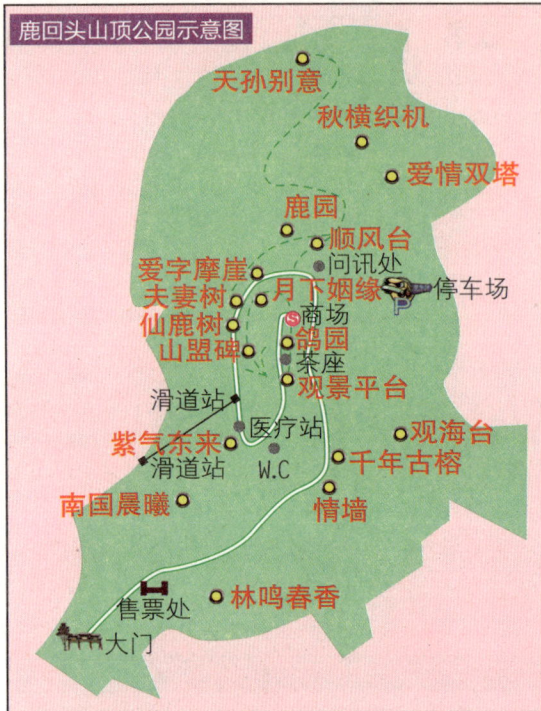

从"玫瑰抱"左边岩石缝间的石阶拾级而上，便来到情爱文化区。这里是一个以"爱"为主题而建的景点，有刻着巨大"爱"字的摩崖石刻、"永结同心"海誓山盟台、"夫妻树""仙鹿树""海枯不烂石""月老雕像"等几个景点。

顺着石径往上走便来到了鹿台，也就是鹿回头雕塑的所在地。雕塑含基座高15米，由大理石雕刻而成，是海南全岛最高雕塑。雕像中，一头回眸凝望的坡鹿两侧，分立着仙女与青年猎手。仙女窈窕俊俏，含羞带喜，已经完全是黎家姑娘的美丽装扮。猎手结实健壮，憨厚质朴。别看他们背对着背，其实早已经心连着心。

以鹿回头雕塑为中心的鹿台从低到高分为三个宽阔的平台即是山顶花园。在这里，三角梅、绿草地、亭台楼阁随机借景，使自然景致与人文景观巧妙组合，相映生辉。还有大群的鸽子追逐戏耍于其间，别有一番情趣。晚间这里有音乐茶座。

在鹿雕台阶的下面，有五座小亭子，北亭是俯瞰三亚的最佳地点。站在这里极目远眺，三亚犹如制作精巧的巨型盆景端立在万顷碧波之畔。

故事　相伴石的传说

在鹿回头山的西麓，有一块巨石，一截两半，一半傲立在山顶，一半平躺在脚下，伸向海里，当地人称为相伴石。相传是位女子为了等待打猎的恋人而守在山顶，遥望远方，长久化作了一块立石。恋人归来后，听到村中人们的诉说，奔向山巅，长跪在少女石旁，誓死相依，便化作了一块平躺的石头，希望在恋人累的时候，能够休息做伴。

攻略

每年的中秋之夜，鹿回头公园和天涯海角风景区两个活动场地都会举行丰富多彩的庆祝及游园活动，有传统的灯谜会、民间舞狮大会、月饼展销大会、品茗会等，而最富有特色的是鹿回头的"鹿山赏月大会"。在鹿雕南平台还有"福""禄""寿"塔灯三座，中秋夜，亲友相聚，共同点亮塔灯蜡烛，可祈得"福寿双全""幸福团圆""吉祥平安"。

攻略

景区交通 游遍景区不犯愁

步行登到山顶只需十多分钟，也可乘坐滑道观光。

住宿 驴友力荐的住宿地

鹿回头山下有宾馆、度假村可供住宿。鹿回头村离鹿回头公园比较近，是历史悠久的黎族村落，非常适合居住。

鹿岭海湾维景国际大酒店：位于南边海路113号，背倚风景秀丽的旅游风景区"南海情山"鹿回头，依山傍海，尽享着自然美景。

三亚中心皇冠假日酒店：位于榆亚路3号，酒店坐拥山、河、海、城，距离购物广场、美食酒吧街、奢华游艇码头仅几步之遥。

鹿回头国宾馆：位于鹿岭路6号，在鹿回头旅游度假村内，坐拥山景、园林、海景、私密沙滩及独特的海岸线，可为您打造一个浪漫的私密空间。

美食 饕餮一族新发现

游客可以在所住的客栈或旅馆内进餐，一般的客栈内都提供自助厨房，可去附近市场买一些新鲜的海鲜自己做着吃。也可以在餐厅内吃特色的海南小吃，如文昌鸡、东山羊等，生蚝仔煎鸡蛋、炒海螺、冬瓜海鲜汤等也是不可错过的美味。在鹿回头村的海滩上还可以找到很多的渔家大排档，但价格相对市里贵些。

行程推荐 智慧旅行赛导游

游览路线推荐：沿环山道向山上前行，之后可分别参观"鹿回头"雕塑、"爱"字摩崖石刻、"永结同心"台、"连心锁"、"夫妻树"、"仙鹿树"、"海枯不烂石"、"月老"雕像等景点。

大东海

天然度假港湾

@别说我傻 午夜，面对黑茫茫的大东海，暗潮涌动，漫天的繁星，一扫心中的不快，有种冒险的刺激！

@穷游也潇洒 大东海广场上的大蜗牛造型很有意思，旁边小摊上兜售着各种纱巾，五颜六色的，十分漂亮。

门票和开放时间

门票：进入景区免费，娱乐项目另行付费。开放时间：全天开放。

最佳旅游时间

大东海全年都适合旅游，尤其在9月至次年4月最佳。冬季水温在18℃~22℃，是冬泳避寒胜地。

进入景区交通

位置：距三亚市区约3千米处的榆林港和鹿回头之间。

公交车：乘坐8路、15路、55路等多路公交到大东海广场站下，步行前往海滩。

景点星级

美丽★★★★　休闲★★★★　浪漫★★★　特色★★★　人文★★★　刺激★★

故事　大东海的传说

传说大东海是三亚落笔峰落笔洞黑龙戏水的地方。相传黑龙看中了大东海的晴空丽日、碧波万顷、风平浪静，央求南海龙王将大东海借给它戏水解闷，南海龙王同意了。谁知黑龙一来便带来台风，弄得大东海浪高流急，影响人们打鱼和生活，于是，南海龙王只准黑龙偶尔来活动活动筋骨。

小贴士

大东海旅游区免费参观，可自由出入，但为了安全起见，游泳应在景区规定范围内，以免发生意外。

大东海是个长约 2 千米的月牙形海湾，三面环山，一面大海，海底有各种瑰丽的珊瑚群、色彩斑斓的鱼类和丰富多彩的海洋植被，一排排翠绿椰林环抱沙滩，蓝天、碧海、青山、绿椰、白沙滩，构成了一幅美丽的热带风光图画。

大东海的奇静可以陶冶情操，而它的海水更富有诱人的魅力。这里没有萧瑟的寒潮，没有缠绵的阴雨，辽阔的海面晶莹如镜，叠印着蓝天、白云、岱山的倒影，全年平均气温为 20.7℃，不愧为冬泳胜地。

"水暖沙白滩平"使大东海名声早已蜚声海内外。这里的海湾呈月牙形，东南平行的两条小山脉就像两道堤墙筑入浩瀚的南海，铸成海湾和屏障。其北面是月牙形沙滩，南面是浩瀚无边的大海，海水澄净，水下能见度 10 米左右。

大东海海岸沿线有许多休闲场所，如大东海明珠广场、热带雨林广场、滨海休闲情侣观光路和 20 多万平方米的绿色长廊以及滨海浴场，还有沙滩休闲部分包括滨海浴场、沙滩摩托车、沙滩足球、沙滩排球、沙滩休闲酒吧、音乐茶座、绿荫咖啡屋、巴西烧烤园、休闲小屋、特色旅游纪念品商店、海鲜饮食店等，度假天堂之名号当之无愧。

攻略

1.顺着海滩东行三四百米有一座滨海小公园，公园里有座小山，山顶上有观海亭，可俯视大海胜景。大东海往北约2.5千米处还有一个白鹭公园，是白鹭的乐园，湖边、湖心到处是白鹭。

2.区内海滨度假旅游设施集中而配套，有嬉水乐园、旅游潜艇码头、潜水和跳水基地等，可常年进行多种水上活动。

大东海示意图

渡口

三亚河

时代广场

临春河

鹿回头广场

海钰珍珠馆

南边海

鹿回头山顶公园

嘉宾国际酒店

夏威夷大酒店

东郊椰林海鲜城

林达海景酒店

青云世家

海院

粤医

滑道

海路

南海山庄

南边海路

城市酒店

金岛嘉宁酒店

榆林湾大酒店

步行街

珠江花园酒店

热带雨林广场

宝宏龙都大酒店

金陵度假村

大东海广场

悦榕庄

岭

码头

美食街

鹿回头宾馆

丽景海湾酒店

码头

山海天大酒店

明珠海景酒店

大东海旅游区

海润珍珠馆

大东海旅游区

攻略

1. 大东海有着世界独有的海豚潜水项目，游人可与被誉为海洋精灵、海洋天使的海豚一起共舞，一起玩耍，会给人带来从没有过的快乐体验。

2. 大东海还有很多的娱乐休闲项目，如特色酒吧、高尔夫球会、大东海潜水、摩托艇、飞鱼、拖曳伞、香蕉船、大东海KTV、健康理疗中心等。

在大东海，可以进行多种多样的娱乐活动，如滨海城市夜生活、游泳、快艇、摩托艇、钓鱼、拖曳伞、潜水等。其中潜水是很成熟的项目，有普通水肺、平台礁潜、精品潜水、暗礁潜水、远海潜水等内容，潜水时会有教练带下水，升降操作都由教练来完成。

大东海度假区内还设有一座"福海号"私家豪华游艇，艇长22米、宽6米，可乘坐80人，是集卡拉OK、包间及以星级酒店标准装修的卧室等多种项目于一身的多功能游艇。信步甲板凭海临风，心胸豁然开朗，旅途的劳顿、生活的烦恼顿时烟消云散。

"福缘号"半潜艇观光船也是大东海的一个特色项目，舱底是透明的钢玻璃，身处水中，大东海海底世界的美妙景致尽收眼底。

攻略

冬天，游客既可以畅游于碧波之间，浮游于雪浪之上，也可以躺在沙滩上沐浴着柔和的阳光，在沙滩上拾贝壳、挖螃蟹、垒沙塔，更是快乐无比。

点赞 👍 @小时候的梦 大东海沙滩特别细腻，海水很美，阳光很好，有烧烤有躺椅，有排档有座位，睡睡觉听听音乐，可享受惬意的下午时光。

攻略

住宿 驴友力荐的住宿地

来大东海，度假是首选。大东海因其背山面水的地理优势，吸引了诸多酒店入驻，这里的高档酒店鳞次栉比，五星级的酒店有山海天大酒店，四星级的酒店有南中国大酒店、玉华苑海景酒店、丽景海湾酒店、珠江花园酒店等。

银泰阳光度假酒店：坐落在大东海海滨度假区的中心，拥有热带时尚风情的客房和套房，从客房望出去可以看到三亚热带海景。餐厅每天都会推出海鲜自助烧烤晚餐。

南中国大酒店：酒店拥有包括亚、欧、美等10种风格的海景别墅、豪华商务套房、豪华海景房、标准房等，凭窗眺望，椰林、碧海组成的热带风情画卷，可让人尽享南国椰风海韵浪漫情怀。

另外，大东海广场西侧海韵路20号处还有家三亚蓝天国际青年旅馆，适合背包客入住。

美食 饕餮一族新发现

住在大东海景区不用担心吃饭，停车场一出来就有一个可饱尝海鲜的老四川大排档；在酒店里也有各式自助烧烤和望海酒吧，银泰的花园木排BBQ烧烤是这里最出名的；另外还有灰常哇塞活海鲜、酒仰美酒海鲜烧烤、泰越轩泰式咖喱餐厅等餐厅。

椰小爱椰子鸡：环境干净整洁，很温馨，适合拍照。店名虽然拗口，但是食物做得不含糊，是一家网红椰子鸡店。椰子鸡的肉质鲜嫩，汤底是没加水的纯椰子汁。

灰常哇塞活海鲜·和牛自助烧肉·火锅：中规中矩的烤肉店，大桌很多。菜品以牛肉、海鲜为主，食材新鲜，味道不错，服务也热情。

左侧栏（竖排）：

佳亮迎宾大酒店

惠普登海景酒店

蓝月湾海景国际公寓

路

海天大酒店

码头

亚龙湾

天下第一湾

微印象

@是是非非 水清沙细天蓝景美，真的是最美的海湾。埋首水中，突然起来带起水珠四溅，那份清爽是无法形容的，在这里潜水可以看到更美、更精致的海洋。

@一上班就想去旅行 亚龙湾水质干净，沙滩又白又细，踩在上面很舒服，海水和天空都很蓝，是绝对值得一去的地方。

门票和开放时间

门票：海滩免费。亚龙湾海底世界各项目分别收费。热带天堂森林公园淡季90元，旺季108元，往返游览车50元。

开放时间：亚龙湾海底世界8:00~17:00，热带天堂森林公园7:30~18:00。

最佳旅游时间

亚龙湾旅游四季皆宜，且四季都能游泳，但是春节期间游人非常多，最好能避开此段时间。

进入景区交通

位置：三亚市吉阳区田独镇六盘路附近。

1.公交车：去亚龙湾中心广场、亚龙湾海底世界可乘127路公交。去热带天堂森林公园可乘25路、30路等公交在亚龙湾森林旅游区出口站下车即到。机场巴士3号线也可直达亚龙湾。

2.出租车：机场至亚龙湾约110元，大东海至亚龙湾约65元。

景点星级

休闲★★★★★ 浪漫★★★★ 特色★★★★ 美丽★★★★ 刺激★★★ 人文★★★

亚龙湾是海南最南端的一个半月形海湾，绵延千米的海滩平缓宽阔，三面有青山环抱，气候温和，风景如画，被誉为"天下第一湾"。

亚龙湾年平均气温25.5℃，冬季海水最低温度22℃，适宜四季游泳和开展各类海上运动。这里有蓝蓝的天空、明媚的阳光、清新的空气、连绵的青山、多姿的岩石、幽静的树林、清澈的海水、洁白的沙滩，海岸线上椰影婆娑，各具特色的度假酒店错落有致地分布于此，又恰似一颗颗璀璨的明珠，把亚龙湾装扮得光彩照人。

小贴士

1.海上运动项目众多，有多种套餐选择，不同选择收费不一样，最好先问清价格再决定。

2.去亚龙湾之前最好预订好住处，尽量避免节假日来海滩，这样可以省下许多奔波之苦与金钱。

Follow Me 海南深度游

1 中心广场—滨海公园

中心广场位于亚龙湾中部。广场地面上周围有四个高大的白色风帆式的尖顶帐篷，很有时代气息；广场中间是高达 26.8 米的图腾柱，围绕图腾柱是三圈反映中国古代神话传说和文化的雕塑群。

广场往南是滨海公园，园内有海底观光、摩托艇、快艇、帆板、滑板、香蕉船、拖曳伞、潜水、垂钓、沙滩摩托车等旅游项目和天然海水浴场。亚龙湾海水浴场闻名天下，波平浪静、滩白沙细、水温适宜，可四季游泳和开展海上运动。

攻略

广场地下有个贝壳馆，这里展出世界各地具有典型代表性的贝壳300多种，有象征纯洁的天使之翼海鸥蛤、著名的活化石红翁螺和鹦鹉螺等，值得一看。

2 亚龙湾海底世界

位于亚龙湾东部海滨，这一带海域珊瑚繁多，藻类多样，鱼类丰富。在这里可乘坐半潜式玻璃船欣赏美丽的海底世界，也可以穿上装备潜入水中近距离欣赏水下的生物。这里有许多水上活动及潜水项目，可以根据个人的需求选择项目，不同项目价格不同。

3 蝴蝶谷

蝴蝶谷位于中心广场以北 2 千米处的山谷中。走进蝴蝶状的蝴蝶展馆，只见眼前色彩斑斓，在 5 个展室中，中国国蝶——金斑喙凤蝶海南亚种、中国最大蝶——金裳凤蝶、中国最小蝶——福来灰蝶等世界名蝶历历在目，人们不禁为大自然的精灵赞叹不止。出了展览厅，就步入巧妙利用热带季雨林的自然植被环境建成的大型网式蝴蝶园，这里有热带特有的古藤、造型奇特而优美的榕树、著名的龙血树、生命力强的黑格、厚皮树等，在野花和人工配置的鲜花相映下给人以温馨静谧的感觉。

攻略

1.在亚龙湾可以购买很多特色的纪念品，如椰木、椰壳、橡胶木制品和用此类材料雕刻而成的工艺品等。景区内设有正规的购物商场，有亚龙湾蝴蝶谷商场、天域酒店商场、亚龙湾广场贝壳馆等。

2.在度假区内的龙头岭观海上日出，绚烂壮美，而主峰不论观日出还是观日落，都别有一番景致；名岭还常可见云海、雾障从海天之际扑面而来，非常壮观。

亚龙湾示意图

❹ 热带天堂森林公园

公园位于度假区两侧山体，分东园和西园，犹如伸展的双臂环抱着"天下第一湾"。公园内森林结构复杂，季相变化多姿多彩，主要树种有高山榕、美丽梧桐等。主峰红霞岭海拔450米，峰顶有一组天然巨石，酷似弥勒佛。登顶俯瞰亚龙湾，风光极美。

热带天堂森林公园堪称离城市最近的天然森林氧吧，公园建造的"鸟巢度假村"完全融入了自然环境，140余幢别墅及客房，每个房间均坐山面海，栖居于丛林之上，外表天然质朴，内里却十分奢华，建筑风格独具热带风情，配套设施设备完善高端。休憩其间可尽享私密空间，实属不可多得的"现代生活方式与热带丛林"的完美结合。

> **点赞**
>
> 👍 @卧薪尝胆 森林公园是电影《非诚勿扰2》的拍摄地，里面的设施非常棒，环境也很好，而且细节上做得很到位。
>
> 👍 @人面桃花 三亚的海真的很美，就是所谓的海天一色，非常蓝，不过夏天去很晒。

❺ 锦母角

锦母角三面临海，一面环山，是真正意义上的"天涯海角"。锦母角灯塔是这里的标志性建筑，登塔放眼望去，水天一色、烟波浩瀚，有很多美丽的风光。目前来锦母角游玩的多为自驾游，这里有很多有趣的项目，如在渔排上360度环海垂钓、烧烤，下海潜水等。需要注意的是，军事演习期间，锦母角可能会暂时关闭，请提前留意相关信息。

至三亚市区

高尔夫球场

S26

❹ 热带天堂森林公园（东园）

维景国际度假酒店

亚龙湾七龙群雕

申业山庄

六盘村

番村

铂尔曼度假酒店

亚龙湾高尔夫球场

华宇皇冠酒店

景山花园宾馆

致远度假村

❸ 蝴蝶谷

五号度假别墅酒店

亚龙湾商业中心

环湖公园

仙人掌度假酒店

万豪度假酒店

喜来登度假酒店

凯莱度假酒店

红树林度假酒店

天域度假酒店

百花谷商业街

❶ 中心广场

滨海公园

金棕榈度假酒店

大鸿度假村

环球城大酒店

海底世界酒店

爱琴海岸大酒店

假日度假酒店

一线海景度假酒店

亚龙湾

❷ 亚龙湾海底世界

观光码头

Follow Me 海南深度游

攻略

景区交通　游遍景区不犯愁

❶ 至景点：景区内各酒店、景点之间的交通，可以租自行车或者乘出租车，距离较近可步行前往。

❷ 至海滩：如果住在海湾边的豪华酒店里，那么只需走出酒店就可到海滩；如果不住在亚龙湾，从海底世界酒店旁的小路就可到海滩；也可从中心广场南行进入海滩。

住宿　驴友力荐的住宿地

亚龙湾集中了众多的豪华酒店，这里的酒店一般以一线、二线海景区分档次和价格，越是地理位置好、海景视野开阔、拥有私家沙滩的质量越高，其豪华程度就越高。除了正文当中所提到的一线海景酒店之外，还有很多二线海景酒店及度假村等住宿地。

二线海景酒店：亚龙湾金棕榈度假酒店、亚龙湾环球城酒店、凯莱仙人掌度假酒店、天鸿度假村等酒店与沙滩隔着一条马路，也拥有私家沙滩，但需要走出酒店。这些酒店多集中在亚龙湾东部，围绕着中心广场而建，房价相比一线海景酒店略低。

度假村：热带森林公园内的鸟巢度假村是电影《非诚勿扰2》的拍摄地，分大雁区、老鹰区、孔雀区、喜鹊区、白鹭区、丹顶鹤区等。

美食　饕餮一族新发现

亚龙湾里面很少见社会餐厅，但酒店一般都含有自助早餐，各大酒店内有各类BBQ自助烧烤、餐厅、酒吧等，但消费较贵，中心广场周边无其他小吃店。如果想吃海鲜大餐，可以选择去市区里的海鲜大排档，经济实惠。

"海南宫府菜"是亚龙湾五号别墅酒店设的餐厅，其传承琼崖官家私房手法，精选地道海南原材料，"猪手神仙鸡""炭火嘉积鸭"等招牌菜口碑不错。

鸟巢度假村内也设有餐厅区，有提供泰式菜肴、东南亚饮食、中餐零点及粤菜的海阔天空泰餐厅，提供各式精品西餐菜肴的飞龙岭西餐厅，提供各种饮品与简餐的烟波亭索道清吧及集结地篝火吧等。

行程推荐　智慧旅行赛导游

雨林登山探险游览线：以东区西大门为起点，沿途经过飞来石、长舌妇、仙人洞、野象桥、飞龙桥、野象石、穿空索桥、雨林栈道、半山观景平台、红霞石、防空洞、登天阁等，最后到达主峰红霞岭山顶园区和大佛石。全长包括支线约8千米，适合体力较好的人群。

山海林天景观游览车行线：以西大门为起点，乘坐观光车，沿围凤岭、竹络岭、飞龙岭山腰、山脊盘旋而上直至红霞岭主峰。该线适合时间紧凑的观光游客、希望轻松欣赏大自然美景的休闲游客和体力稍差的人群。

蜈支洲岛

美妙的潜水胜地

@Joe霞客行 每年冬天都来海南岛避寒，来海南岛必来蜈支洲岛，白沙、蓝天、碧海，无不使人流连忘返！

@o自由o 蜈支洲岛享有"中国第一潜水基地"美誉，天水一色，景色优美，看得让人心都醉了！

门票和开放时间

门票：旺季（10月至次年4月）144元，淡季（5~9月）136元，门票均含往返船票。岛内娱乐项目另行购票。

上岛时间：8:00~16:00，下岛时间：8:30~19:00。

进入景区交通

位置：三亚市北部的海棠湾内，距三亚市中心40千米。

1.公交车：市区乘坐28路公交车可达蜈支洲岛码头公交站。

2.自驾：由田独镇出发至亚龙湾分岔路口，沿老东线高速公路前行至路边标志牌右转，驾车10分钟左右到达蜈支洲码头，乘坐游轮抵岛。

景点星级

浪漫★★★★★　特色★★★★　休闲★★★★　美丽★★★★　刺激★★★　人文★★★

蜈支洲岛呈不规则蝴蝶状，面积约 1.48 平方千米，是个袖珍小岛。岛上西部沙滩沙质均匀细腻，海水颜色明丽动人，层次分明；东部、南部两峰相连，礁石林立，惊涛拍岸，大风或大潮时，海浪咆哮奔腾激起的浪花可高达十米，形成独特的山海奇观。

蜈支洲岛还享有"中国第一潜水基地"美誉，其海底世界五彩斑斓，有中国保护最完好的生态珊瑚礁。蜈支洲岛所在的海棠湾近年来发展迅速，已成为与亚龙湾、三亚湾、大东海等齐名的三亚度假胜地。

从景区大门进入前行可见一座庙宇，古朴典雅，这便是妈祖庙，它是海南最古老的庙宇之一。1893 年，清光绪年间，由崖州知府集资在岛上修建了一处庵堂，取名"海上涵三观"，后年岁久远，庵堂无人管理，渔民不知所供何神，遂推倒塑像，改奉自己的航海保护神妈祖。

出了码头，右侧便是情人桥，以前是座铁索桥，是当年守岛部队的海上瞭望点。走在摇摇晃晃的铁索桥上，需要几分胆量和机灵。有些情侣既想过桥到瞭望点里体验一下，又怕掉进海水里，过桥时紧紧抓住对方的手不放，因此这桥又被戏称为"情人桥"，现已改为木板桥。

在蜈支洲岛的东南部悬崖处有巨岩陡立，站在岩上凭海临风，俯瞰全岛，辽阔的南海尽收眼底。悬崖下面，怪石嶙峋。观日岩像一尊天然大石佛，面向大海，日夜修炼。新世纪的曙光从这里升起，绯红的太阳从海面上徐徐上升，形成海天一色的海上观日点。住岛客人若欲观看日出，可向酒店前台咨询日出时间。

在蜈支洲岛东南的观日岩下，有一天然形成的巨石如一只巨大的海龟，头、甲等都清晰可辨，值得称道的是在整块巨石的左前方有一露出海面的条状长形岩石，当海水袭来，犹如海龟用脚在划水，动态逼真，仿佛一只巨大的海龟期望回到自己的故乡，正缓缓爬向大海，故称"金龟探海"。

攻略

上岛前行不远处有一座平顶的小屋，沿着小道的右手边是几家小商店，出售一些小玩意，还有拍摄相片当场制成小圆徽标的小摄影室。

蜈支洲岛示意图

美人鱼雕像
海滨浴场
码头
岸潜区

情人岛经历了千百年潮起潮落的洗礼，却依然矗立着静静相望的两座大石。传说是古时一对恋人，被恼怒的龙王变成石头而得名的。现在这里成了蜈支洲岛的一大景点，是青年男女耳语、听涛的好地方。

在蜈支洲岛西侧，沿海边地形修建了木质走廊和平台，可以沿着走廊观看蜈支洲岛清澈的海水，这一带因为礁石比较多，所以可以看到很多螃蟹在礁石上"行走"，如果运气好，在平台上还可以看到成群的热带鱼。

码头 情人桥 观海长廊 潜水大厅 情人岛 海上娱乐区 临海木屋 宾馆区 海鲜广场 游泳池 精品潜水区 美鱼湖 大堂 妈祖庙 观海木楼 情人谷 金龟探海 观日岩 第一哨所

点赞

👍 @害虫 岛上污染很少，海水十分清澈，沙子白白的，很细，踩着很舒服，在海边发呆也是件美事，更别说可以玩水上项目了。

👍 @磁太阳 已经是第二次来了，在码头附近有一片洁白的珊瑚沙，在礁石上可以看见螃蟹晒太阳，等船时买一包鱼食喂海鱼和在公园喂锦鲤感觉大不一样。

在码头平台上还可以观看到五颜六色的热带鱼在水中嬉戏，场面甚为壮观。

蜈支洲岛上海盗吧旁的淡水泳池，是一弯碧池，掩映于蓝天、椰林之间。这里景色精致、漂亮，色调以蓝、白为主，给人一种清新的感觉。泳池周围的圆球可以随便坐着拍照，但泳池的躺椅是要收费的。

池边有一个形似"鸟巢"的白色建筑构筑于海天之间，在三角梅、蓝天、碧池、椰影婆娑的映衬之下，显得格外清幽与恬淡。

小贴士

1.去蜈支洲岛前最好了解下天气，挑一个晴好的天气去岛上。

2.去蜈支洲岛玩的时候，包车可以不包来回，回来时可以让码头上等人的出租车送，这样比较省钱。

故事　情人岛的传说

很久以前，一个年轻人在海上打鱼时遇险到了一个荒岛上，遇到了因为贪玩跑出来的小龙女，他们非常投缘，便私订终身，过起了只羡鸳鸯不羡仙的生活。

但在小龙女告诉了龙王此事之后，龙王却不同意，并把女儿关了起来。姑娘思念小伙子，便趁着守不备时跑了出来，龙王很快就知道了，在后面紧追不放。眼看着这对痴情男女就要相拥了，在后面紧紧追赶的龙王大怒，大喊一声，用了一个定身术，将两人变成了两块大石头。人们为了纪念这对痴情男女，于是把这里叫作"情人岛"。

攻 略

住宿 驴友力荐的住宿地

一般游人游玩蜈支洲岛都是当天即离开，不在岛上停留，但其实入夜之后的蜈支洲岛有着别样的韵味。

岛上拥有一家高星级酒店——三亚蜈支洲岛珊瑚酒店，现有的257间各式客房，分为欧式风格、竹木风格和木制风格。

美食 饕餮一族新发现

海岛上有各种特色的餐厅，有中餐厅、西餐厅和海鲜城等，让不同口味的人在这里都能享受到美味，岛上名菜有白切本岛鸡、荷香蒸鲜鲍、灵芝蟹、清蒸和乐蟹等。

岛上主要餐厅有：

中餐厅：蜈支洲岛周边海域盛产各种名贵海鲜，如龙虾、对虾、鲍鱼及各种贝类，岛上厨师利用这些丰富的资源，经过精心制作，特别推出多种特色菜肴及其他海南风味菜，提供给游客品尝。

海盗吧：海盗吧距大海仅20米，在这里，一边喝点椰青酒，一边聆听轻柔的乐队伴奏，非常惬意。

海鲜城：海鲜城以经营自助餐为主，离海大概100米，在这里可以品味着美味佳肴，感受着人与自然的和谐。

西餐厅：位于原游客中心，在这里可以品尝美味的西餐。

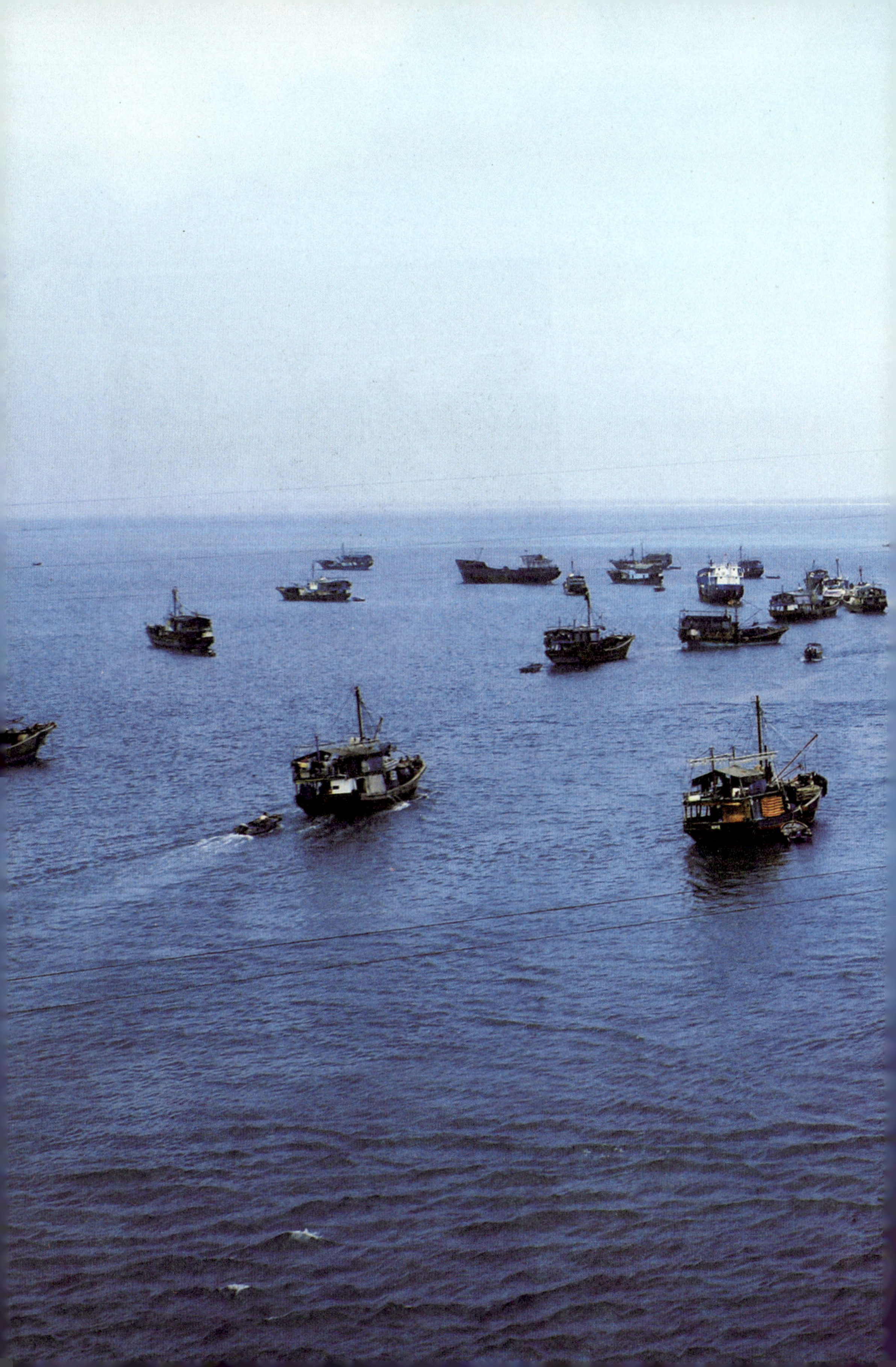

第2章
海口

海南深度游
Follow Me
您旅行的倡导者
★ ★ ★

海口老城区

海口百年沧桑的历史缩影

微印象

@小白杨 南洋风格建筑，街上有很多小商铺，幸运的话说不定会淘到些宝贝呢。去茶楼坐了坐，虽然喧闹但很有味道。

@我爱飞翔 超级喜欢老城区这些南洋骑楼的风格，虽有些地方破旧不堪，但还是能感受到当年的华丽。走在老街上，仿佛时光交错，回到了旧时代。

进入景区交通

位置：海口市龙华区得胜沙路、解放路、新华路、博爱路周围一带。

公交：老城区的公交有2、5、8、36路等，可选择乘坐8路车，这趟车基本穿行在老城区。

景点星级

休闲★★★★★　人文★★★★★　浪漫★★★★　特色★★★★　美丽★★★★　刺激★★

海口的老城区指的是以解放西路为中心的几条老街，包括得胜沙路、新华路、中山路、博爱路周围一带，老城区里的建筑大多于二十世纪二三十年代由华侨和当地商人建成，是欧亚文化的综合产物。临街底层采用骑楼和连续柱廊，上层采用敞廊，表面饰有植物、花卉等图案和砖雕、彩瓷等，具有多种装饰风格，这些建筑形象地记录和浓缩了海口百年沧桑巨变的历史。

攻略　老街看点

从得胜沙路建设银行旁边的小巷向里走50米，有纪念海南第一个进士王佐的"西天庙"，是当地人求学从文的祈祷之地；再走200米是纪念关羽的"关圣庙"，是当地人求财升官的祈祷之地；从解放路电信局旁边的小路走50米，是中共琼崖第一次代表大会会址。

旧时的得胜沙路是洋行、茶楼、旅馆、货栈、戏院的聚集地，在那个年代，相当繁华。街上还有间洗太夫人纪念馆（俗称"冼夫人庙"），为纪念在南北朝时期对治理海南有卓越贡献、为安定团结统一开创大好局面的冼夫人而建。现在得胜沙逐渐形成了海南最大的服装批发市场。

新华南路上遍布着传统的裁缝店、各类平民服装鞋店、茶楼、小食店，一家家生意兴隆。二十世纪六七十年代风格的"解放电影院"，仍以毛笔楷体写宣传板招揽顾客。

中山路因孙中山先生曾在该路凉亭歇息而得名，是海口城区保持历史原貌最完好的一条老街，外墙以白色为主，由于年代久远，有的已斑驳掉色，但花鸟龙凤图案仍清晰可见。中山路以经营五金、交电为主，店铺开在骑楼下，店主悠闲地坐在其中看报或打呵欠；沿街的广告牌一溜串排过去，恍惚回到二三十年代的上海滩。

位于中山路87号的海口天后宫，建于元代，距今有700多年的历史，是海南规模最大的妈祖庙，

海口老城区示意图

重生商行　海甸一东路　德邦物流
海甸一西路
人民桥
海甸河　钟楼　唐都大酒店　新桥大厦
长堤路　海口天后宫
得胜沙路　富兴街新　博爱路　三亚下东街　和平北路
滨海大道　华北大兴西路　解放路北路　新民东路
义兴街　义兴后街　新民西路
赛强大厦　文明横路
琼崖一大旧址　新华南路　南平利商行　文明中路
四川火锅　广场横路　文明西路　金泰大酒店　文明东路
海南电大　海口太阳城大酒店　文联路
龙华二横路　龙之阁鞋包城　广场路　佳盛大厦　海口海南六合大酒店
八灶街　大同桥　海口市残联　朋达商行
贵州大厦　大同里　明星大厦　东湖路　西湖　公园路　垂柳南横路　和平南路
龙华菜市场桥　大同二里　大同里　人民公园　秀英东路　海口宾馆　海府路
金都大厦　万国西路　海口望海海航商务酒店　海口五指山国际酒店　海南省质监局
义龙东路　大同路　海口海航国际商务酒店　海南皇马假日大酒店
恒兴商行　义龙横路

攻略

老街居住的传统模式里遗留了众多极为有趣的邻里空间，如露天戏台和社区活动空间合二为一的宗庙空间；室外随处可见的土地节祭拜点，常年有人供奉；较大的室内茶室，多为老年人交谈聊天、消磨寂寞时光所用，茶室内人声鼎沸，俗称"老爸茶"；此外还有逢年过节家家户户都参与的社区特色"点龙灯"活动。

更是海口这座全国历史文化名城的重要文化载体。作为中华妈祖文化的重要组成部分，天后宫承载着海口老城区不可割断的文脉。

博爱路街边小店销售家电、小商品、服装、鲜花、礼品等，生活气息浓郁。贯穿博爱路的是东、西门市场，东门为海鲜干货市场，西门则是古玩一条街，大大小小古玩摊档沿街而摆。

亲子研学

骑楼小知识

骑楼作为一种外廊式建筑物，其渊源可追溯到约2500年前的希腊"帕特农神庙"（Parthenon Temple），那是雅典卫城的主体建筑，供奉着雅典娜女神。

18世纪下半叶，英国殖民势力侵入印度等南亚国家，难以适应热带的炎热与多雨天气，他们在居室前加建走廊，用以遮蔽狂风暴雨和毒辣的日光，创造舒适的居住环境。这种"外廊式建筑"很快被印度等南亚、东南亚国家所重视并纷纷仿效，后来逐渐从南亚、东南亚传至我国，在海南、广东、广西、福建及台湾等地分布不少。

攻 略

美食 饕餮一族新发现

老城区作为海口最繁华的中心地带，特色美味自然是星罗棋布，博爱路的水巷口街是海口地方饮食店聚集处，海南腌粉、牛腩饭、猪脚饭、鸡饭、煎粽、煎饼和安定粉汤等一应俱全，如果逛累了可以来此品尝美食。

其他美食街有：

解放西路：大排档，每天21:00之后大排档才摆出来，不宽的道路两边是一家家小吃店，有著名的牛腩抱罗粉、牛腩饭、猪脚饭、鸡饭、椰子饭、鸭饭等，此外还有各式各样的热带水果和炖品，如三红汤、炖乳鸽等。

八灶路：八灶路一带分布着近10家海南火锅店，乳羊、牛肉、兔肉等各式齐全，火锅味道清淡，汤水鲜美可口。夜幕降临，三五个朋友围着海南矮圆桌，边吃火锅边聊天，十分畅快惬意。

义龙东路：义龙路一带的煲仔生滚粥非常地道，包括鸽粥、蟹粥、鱼片粥、田鸡粥、皮蛋瘦肉粥、粉肠粥等。一锅生滚白鸽粥可有整整一只白鸽，又好吃，又养颜。

新民西路：是牛腩饭、猪脚饭的汇聚地。每到吃饭时间，牛腩饭、猪脚饭小摊点就把肉锅摆在店铺最前面，两口大锅一个煮着牛腩，一个烧着猪脚，一阵阵香气泼洒在空中。

滨海公园：特色美食是炭烤生蚝。想在海口真正吃上既便宜又新鲜的生蚝，一定要去一趟滨海公园。一盘盘热腾腾的生蚝端上来，蒜香和着蚝香，还有一丝丝炭香味，生蚝粉软得几乎入口即化。

琼山府城

寻找历史的足迹

微印象

@呢喃 府城算是海口最有历史韵味的地方了，相对于以热带风光为主的海南来说，这里真的是一个能了解海南历史名人的地方。

@在你耳边 最喜欢琼台书院，在门口看着古典的大门感觉就很不一样，进去之后各种美景映入眼帘，好似有一种穿越回古代的感觉。

门票和开放时间

门票：五公祠日场47元、夜场26元，琼台书院4元。

开放时间：五公祠日场9:00～17:00、夜场18:00～23:00，琼台书院8:00～17:30。

进入景区交通

位置：海口市琼山区府城镇，距海口钟楼约6千米。

交通：府城一带的景点分散在各地且相距不远，可骑共享单车在老城区各景点游玩。

景点星级

休闲★★★★　人文★★★★★　美丽★★★★　特色★★★★　浪漫★★★　刺激★★

府城镇是一座具有2000多年历史的文明古城，北至五公祠与国兴大道接壤，东至南渡江西岸，南与龙塘镇、龙桥镇交界，西接海口城西镇。府城历史悠久、物华天宝、人杰地灵，素有"琼台福地"的美称。

攻略

每年府城元宵换花节时府城都会举办"彩灯耀古城"灯展，届时居民都会带着自己制作的地方特色花灯参加绣衣坊、马鞍街、关帝巷的灯展，场面非常热闹。

在府城古镇中有海南八音、海南公仔戏、龙塘民间雕刻艺术、府城元宵换花节、新坡军坡节、海南椰雕等，这些独具海南特色文化的人文"建筑构件"，如感兴趣可一一感受。

琼山府城示意图

北关西街
飞煌宾馆
环湖路
凤凰美食城
金鹿大厦
海南省委党校
① 五公祠
红城湖
玉皇三清宫
星星幼儿园
川香阁
天宁寺
荣静大厦
红城湖路
巴伦路
海口玉湖宾馆
新城路二巷
建国一横路
华府大厦
建国路
长之利洋酒行
福客隆超市府城店
② 海瑞故居
新城路一巷
新城路
琼山区府城三角公园
节能大厦
朱云路
牙科
藤园阁
心怡布艺
港湾餐饮
新城路
绣衣坊
宗伯里
宗伯里一横
天茂商场
崴阁广场
文庄路
鼓楼街
文庄一横街
府城社区老人活动中心
怡和园批发超市
当代大商场
④ 府城鼓楼
靖南街
尚书直街
金花路
忠介路
中山路
行政街
明洋商场
县后街
大路街
阳光小区
③ 琼台书院
周达昌商行
海口市琼山第二小学
福城饭店

❶ 五公祠

　　五公祠及两侧的苏公祠、伏波祠、学圃堂、观稼堂、五公精舍、琼园等亭台楼阁连成一片，构成一组园林式建筑群，习惯上统称为五公祠。这里环境典雅，建筑巍峨，古木参天，花香袭人，素有"琼台胜景"之称。

　　"五公"是指唐宋两代被朝廷贬来海南的五位历史名臣，即唐朝宰相李德裕，宋朝宰相李纲、赵鼎及宋代大学士李光、胡铨。五公祠高 10 多米，分上下两层，木质结构，四角攒尖式屋顶，素瓦红椽，三面回廊，可凭栏眺望，祠内挂有"海南第一楼"横匾。祠内还有历代文人的题咏和楹联，概括了五公的生平业绩，表达了后人的崇敬心情。

解说

　　苏公祠的左侧有个琼园，园内有浮粟泉、粟泉亭、洗心轩等东坡遗迹。浮粟泉旁一堵粉墙嵌着一块石碑，石碑上刻着"浮粟泉"三个大字，相传是苏东坡在此发现的。碑前清凉的泉水注满了上下两口方井，泉水纯净，清澈透亮，味道甘爽。

❷ 海瑞故居

　　海瑞故居位于府城镇红城湖畔的朱桔里，坐落在海瑞庙旁，现故居为 1991 年在原址上以原貌为依据复建的。前门为牌坊式；往里走便可进正屋，正屋两侧为横屋，正屋是十柱抬梁结构，四面石墙，十柱全用进口坤甸木，椽桷全用进口梢木，障板全用海南特产铁树和抱密树精制而成；四周墙垣长约 154 米，高约 2.2 米，围墙上安青竹窗。

❸ 琼台书院

琼台书院是后人为纪念"海南第一才子"明朝大学士丘浚而建，这里曾是琼州的最高学府，也是海南唯一的一座府立书院，书院历史悠久，人文气息浓厚，里面有陈列馆、魁星楼和书院博物馆等景点。

故事 | 琼台书院与《搜书院》

著名的粤剧、琼剧《搜书院》的故事就发生在此书院。书生张日旻和琼州府镇台的婢女产生爱情，镇台震怒严惩婢女，婢女逃进书院求救，镇台派人追至此，书院掌教谢宝仗义执言，门前挡驾，并机智地趁夜将婢女送出城外，使张日旻与婢女终成眷属，琼台书院随着《搜书院》的故事而蜚声海内外。

攻略

第一道大门两侧的平房是书院的陈列馆和展览厅，陈列馆中收藏着琼台书院历代文物，因为这里还是海南省花鸟画创作研究基地，因此展览厅还会不定时展出海南省的书画作品。

书院博物馆院内展出有大量的《搜书院》剧照图片和史料，展示了琼台书院300多年发展史及海南教育史。博物馆院内还可以看到七八株缅栀子，又名"鸡蛋花"，其花瓣洁白，花心淡黄，端庄高雅，极似蛋白包裹着蛋黄，非常漂亮。

❹ 府城鼓楼

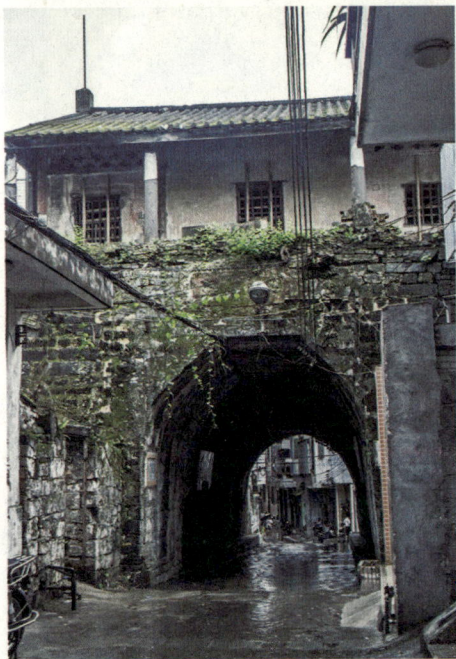

府城鼓楼位于府城镇文庄路南端古城垣上，是一座土木结构的城楼。府城有东西南北四座城门，鼓楼坐落于城之正中偏南，是海南卫的所在地。鼓楼始建于明洪武年间，原楼高三层，现仅存二层，均受历代珍视，从鼓楼碑文记录，可知它近500年来的兴替迁易，门额上分别灰塑"海南壮观"与"奇甸文明"楷字。

攻略

1.鼓楼气势磅礴，雄伟壮观，楼下城庸宽厚，下临旷野，有石级拾登，直通城门。

2.现在的府城鼓楼是一个居民巷，它所在的街被命名为鼓楼街，每年的农历正月十二是鼓楼街公期之日。公期是一种地方文化习俗，是民间自发组织的年度性、区域性的祭神活动。

攻略

住宿 驴友力荐的住宿地

府城住宿很方便，酒店多集中在中山南路和凤翔路上，价格经济实惠。

海口皇马假日大酒店：位于海府路，临近日月广场免税店、骑楼老街、五公祠等地，出行游玩、购物就餐很方便。

希尔曼智慧酒店：位于红城湖路，与五公祠相邻。酒店环境幽雅，客房干净整洁，停车方便，价格实惠。

海口香江国际温泉大酒店：位于琼州大道17号，是一家集豪华客房、中西餐厅、大型婚庆宴会、大型会议室为一体的精品酒店，周边有琼台书院和五公祠景点，在客房可遥望红城湖白鹭齐飞景象。

美食 饕餮一族新发现

府城镇上餐厅很多，各景区旁用餐也很方便，能吃到海南名菜。

富鸿昌牛腩猪脚店：位于府城新城路一巷8号，主要菜品有红烧猪脚、清汤牛腩、红烧五花肉、白灼菜心、酸芋头梗等。清汤牛腩的汤非常清淡，点缀着一些香葱末和香菜末，香气扑鼻；牛腩也没有一丝牛肉的膻气，很清爽。

兴家盛椰子鸡汤店：位于府城镇中山南路（近汇银大酒店），以火锅为主，汤汁鲜香清淡，鸡肉紧致滑嫩，值得一吃。

寻半纸包鱼(府城店)：位于中山路2-1号（府城中学正对面），是家老店，装修质朴，鱼肉鲜嫩，份量很足，价格实惠。

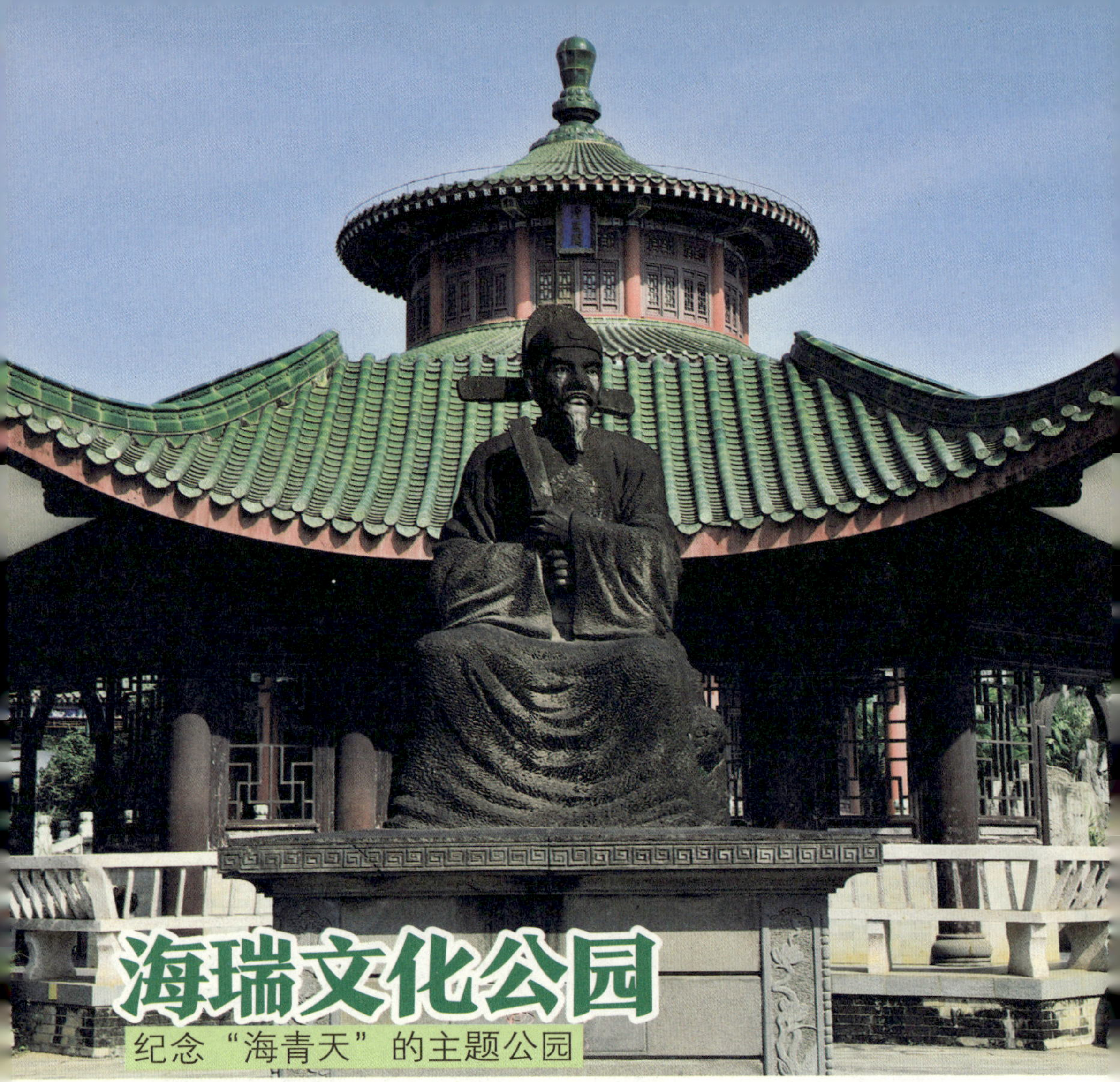

海瑞文化公园

纪念“海青天”的主题公园

微印象

@请叫我可乐 公园里面有很多关于海瑞的介绍，慢慢走一遍，等于是重温历史，里边的楼阁亭台还是不错的，有放生池可以放生。

@我爱travel 海瑞是中国历史上的清官，是海南人的骄傲，到海口一定要到海瑞文化公园缅怀一下。

门票和开放时间

门票：免费。

开放时间：8:00～17:30。

进入景区交通

位置：海口市龙华区滨涯村，近丘海大道。

公交：乘坐3、209等路公交在海瑞大街站下车，步行可到。

景点星级

人文★★★★　美丽★★★　特色★★★　休闲★★★　刺激★★　浪漫★

海瑞墓原为一长方形陵园，四周为石砌围墙，可惜遭到破坏，海瑞墓成了一座空坟。2022年扩建后的海瑞文化公园主要包含两部分：第一部分是陵园，展示主墓及神道、牌坊等；第二部分是纪念园，主要景观有"海瑞塑像""扬廉轩""不染池""清风阁""海瑞展览馆"等。

陵园正门有一座石碑坊，横书"粤东正气"阴刻丹红大字，花岗石铺成的100多米长的墓道两旁竖立着石羊、石马、石狮、石龟等石雕。从牌坊正中的石板道往前走40多米是一个正方形石板平台，平台中央置一石雕的大龟，龟背上竖着一块高1米多的石碑，此碑叫"谕祭碑"，碑文表述了海瑞的生平功德。

从"谕祭碑"平台沿石板道往前走20多米，便到海瑞主墓平台。海瑞主墓高3米，用花岗岩石砌成圆顶，坐落在刻有八卦图案的墓基石台上，石料打造的祭案、香炉齐备。高3.5米的墓碑上刻着："皇明敕葬资善大夫南京都察院右都御史赠太子少保谥忠介海公之墓"。外围高4米的六根烛台华表光耀鲜明，象征海瑞心直如烛，光明磊落。

攻略

1. "扬廉轩"建筑造型为扇形，加以轩内所刻海瑞诗句，意在告诉人们，海瑞为官勤政爱民，两袖清风，其高尚品行永远是后人的典范。

2. 紧贴扬廉轩后边有一个扇形水池，名叫"不染池"，池中水清如许，水中游动的五颜六色的热带鱼和水底的鹅卵石可见得清清楚楚。池四周围着石雕栏杆，游人观赏池鱼，既得倚靠，又得安全保护。

出了陵园往后，有一尊高4米的海瑞身穿朝服坐姿的塑像，铁面无私，神情严肃。塑像后建有"扬廉轩"，轩内前后四柱刻有海瑞诗句集联，前两柱书"三生不改冰霜操，万死常留社稷身"，后两柱书"政善民安歌道泰，风调雨顺号时清"。轩后是不染池。

从不染池两侧的石道往上走六七米，便是仿天坛造型的高大的"清风阁"。清风阁的正前面嵌着一竖匾，上书"清风阁"，阁各层的栋梁柱及围壁等均雕龙画凤，首层檐下每道横梁中央刻着篆体"清正廉明刚直不阿"。清风阁是完全的仿古建筑，古色古香、庄严肃穆。

攻略

阁内有盘旋式阶梯直达阁顶，在阁顶俯瞰墓园全景及周边景物和北眺浩瀚海面，心胸豁然开阔，必当想到海瑞之高风亮节，对海瑞倍加敬仰。

点赞

👍 @肖观振 带老人来过海瑞墓参观，非常喜欢那里，景色也挺好，最喜欢的一处景观是书法长廊，很有观赏意义！

👍 @jessica 去年骑行海南的时候去参观了一下海瑞墓，绝对不虚此行。

清风阁后面及两侧，是一道马蹄铁形的人造山峦，全长约 145 米。山体内洞道弯弯曲曲，每隔七八米处均有洞口出入；山脊上修建着随着山势起伏的长廊，全长约 141 米，廊顶盖着绿油油的琉璃瓦，廊脊蜿蜒曲折，翘起的廊檐如腾如飞，远观长廊，酷似一条绿色的长龙在腾云驾雾。

攻略

在山脊东南最高处有一个八角亭，名叫"八方亭"，站在亭里，可眼收墓园全景，身沐八面凉风，也是拍摄墓园全景的好地方。

解说

扩建后的海瑞文化公园，从步入墓道至登上八方亭，共分为八级台阶，即入口墓道—谕祭碑—海瑞主墓—海瑞塑像—扬廉轩—清风阁—人造山峦—八方亭，一级比一级高。如此设计，意为在海瑞精神激励下，人们的思想境界、品格行为将步步升华，海瑞精神将永放光辉。

故事　墓园选址缘由

海瑞墓建于明万历十七年（1589年），据说本来选定的墓址并不在这里，只是当海瑞灵柩运至此处时绳子突然断开，棺材落了地，人们认为这是海瑞在为自己选择墓地，遂将其葬于此。

攻 略

住宿　驴友力荐的住宿地

海瑞文化公园距离市区很近，可以返回市中心区住宿，公园附近也有一些宾馆可以住宿。

皇马假日醉海南大酒店：位于美华路8号。位置很好，吃住行都方便。四星级，房型有特色。

海华精选酒店：位于海口市秀英区秀华路，西秀海滩、海瑞墓等景点环绕四周，东南亚风情街、秀英小街等吃购娱近在咫尺。酒店以现代轻奢风格为主，所有房间均有无线网高速Wi-Fi覆盖。

西海岸带状公园

美丽的金色长廊

@石头与布 虽然已经见识过了蔚蓝色的大海，但此时站在椰树下，望着浩瀚无垠的蓝色大海，迎着扑面而来的海风内心仍然感到无比激动。

@老鼠笨笨 在海南冬天和煦的日光下，沿着带状公园散步，感觉很舒适，的确有些"椰风海韵"的味道。

门票和开放时间

门票：海滩免费，摩托艇、帆板、帆船等娱乐项目收费。开放时间：9:00~24:00。

进入景区交通

位置：海口市秀英区滨海大道，距海口市中心约11千米。

公交：乘坐28路、35路、37路等多路公交车至观海台站下即可，可沿海岸线步行参观。

景点星级

浪漫★★★★★　休闲★★★★★　特色★★★★　美丽★★★★　刺激★★★　人文★★★

西海岸带状公园沿着滨海大道两侧呈带状伸展，包括西秀海滩和假日海滩，全长约11千米。近处是宽广的椰林大道，两边是雕塑、草地、回廊、小路和海滩，风光旖旎；远处海面上是海市蜃楼般的海口市，是个放松休闲的好地方，虽在城市，却也能体味一份属于自己的平静。

攻略

1. 这些景点除观看"水世界"表演时需凭票外，其他都是开放式的。海滩上的高台溅水是一个古罗马建筑风格的水世界，每天20:00，表演馆里会上演水上芭蕾、高空跳水等节目，有兴趣的话可以在晚上前去观看。

2. 这里是眺望海口市区建筑群和世纪大桥的最佳地点，驻足回首东望，只见高楼林立的海口市犹如浮在海面上，可以以它为背景拍照。

3. 西堤胜景是公园的后一个景点，在这里可以欣赏五源河入海处的风光。

4. 碧海林涛是海边热带林区，遍植郁郁葱葱的各种热带观赏树种，共有3000多棵椰子树和1600多棵大王棕、橄榄树等，很有南国风情。

西海岸带状公园示意图

五源河桥
海口新国宾馆
西雅图丽湾
兆南·西海豪园
蔚蓝海岸
海口海南贵族游艇会
海口天佑大酒店
假日海滩烧烤园
阳光西海岸蓝田公寓
假日海滩 ②
长滨路
式金
农家鸭庄
西海岸高尔夫球会温泉别墅
苍龙
观海台
棠昌村
翠兰苑
美视·别墅
西秀海滩公园 ①
昌明
景雅苑
龙墅湾
观澜公寓
长信路
镇海海鲜城
新海林场
创业路
海口乌兰温泉大酒店
凯撒豪庭
长秀路
道介村
菩提树
滨海大道

1 西秀海滩公园

攻略

1.西秀海滩是轮滑爱好者的乐园，建有专门的轮滑滑道，海面上有不少外国帆船运动员和爱好者在弄潮。

2.海滩上有国家在此建立的帆板训练基地，游人可以远望一片片色彩斑斓的帆板在海面上犁出一道道浪花，还可以下海体验一下这项有刺激性的水上运动。

西秀海滩公园原名为海口秀英海滨浴场，位于海口市秀英区西郊滨海大道。目前已建成集国际帆船板训练及比赛基地、国际游艇俱乐部、大众海滨游泳场和水上运动中心等旅游配套服务于一体的综合竞技、运动、休闲、娱乐滨海旅游胜地。

西秀海滩全长约 1.2 千米，海岸边上成排的椰树婆娑起舞，海面上是成群漂浮的多彩漂亮风帆，这儿也是海南省和国家帆板队的训练基地。

2 假日海滩

假日海滩是西海岸带状公园的中段海滩，全长约6.2千米。这里是海口市区较大的海滨浴场，也是从海上眺望海口城市远景的最佳视点。

假日海滩布局美观，造设新奇，色调和谐，和大海浑然成一体，海滩犹如镶嵌在巨大的蓝宝石边沿的五彩缤纷的花边。海滩遍布各类游乐设施，除了海滨浴场外，还有烧烤园、温泉游泳馆、沙滩排球场、沙滩摩托、海上摩托艇等娱乐项目。

点赞 👍 @蓝皮鼠 这里沿海而建，风光真的很不错，还有一条专门的轮滑道，对于我们这些轮滑爱好者来说真是件好事！

漫步在西海岸带状公园的街道上，享受着温和的海风带来的浪漫。

Follow Me 海南深度游

攻略

景区交通　游遍景区不犯愁

自行车：西海岸带状公园所在的滨海大道上设有步行道和自行车道，可以租辆自行车沿着带状公园转一圈，既可看美景，也不会太累。

住宿　驴友力荐的住宿地

此处位于海口市区，周围酒店林立，比较有名的有海口天佑大酒店（秀英区滨海大道239号）、海口喜来登温泉度假酒店（秀英区滨海大道136号）。

海口天佑大酒店：位于美丽的滨海大道，毗邻西海岸高尔夫球会、美视五月花高尔夫球会和4A级景区假日海滩，身处其中能从不同角度欣赏到琼州海峡。房间内有宽带上网接口，大堂及咖啡厅能实现无线宽带上网。此外，这里还设有各式风格的餐厅、大型泳池及不同规模的各类会议室。

海口喜来登温泉度假酒店：酒店紧邻五源河湿地公园，拥有300余间宽敞舒适的客房和较大的私人观景台，酒店还汇聚了东西方美食，有风格独特的餐厅和酒廊。此外，在酒店还可以看到美丽的热带景观，聆听微风海浪细语。

美食　饕餮一族新发现

沿着海岸线开了许多海鲜大排档，如海岸恒昌海鲜园、拽拽牛牛等，水世界内还建有美食广场，里面可以吃到一些中西快餐、特色风味小吃等，还有咖啡馆。此外，也可以在入住的酒店内用餐。

行程推荐　智慧旅行赛导游

带状公园游览线路：海口火车站—热带海洋世界—假日海滩—西秀海滩。

海南热带野生动植物园

天然动植物博物馆

微印象

@自由人 每次来这里的时候都是直奔稀罕的"超级混血宝贝"狮虎兽的笼子而去，这是世界上繁殖狮虎兽最多的动物园。

@娜娜 傍晚在绿树掩映、鸟语花香的小道上漫步，早晨在山间的小木屋中听着鸟鸣醒来，感觉很不错！

门票和开放时间

门票：158元（含熊猫馆、游览车）。

开放时间：周一至周五9:30～17:30，周六至周日9:00～17:30。

进入景区交通

位置：海口市秀英区东山镇东山湖畔。

1.班车：在海口红城湖乘坐府城—东山的中巴至野生动植物园站下车。

2.旅游专线：在市区乘坐游2路公交可到。

景点星级

美丽★★★★　浪漫★★★　特色★★★　休闲★★★　刺激★★　人文★★

海南热带野生动植物园示意图

杨桃园
梅花鹿
团队通道
坡鹿
狮虎恋
橡胶林
槟榔园
狮园
大象
东北虎
本土本色动物展区
百鸟园
地不容
鸸鹋
鸵鸟
黑熊
团队通道
海芋
团队步行通道
矮马
洗手间
狮虎兽
河
长颈鹿
幼鸵鸟
矮马
骆驼
猴艺表演
巨蜥
白水牛
猴山
车行游览区
三脚椰
棍棒椰
橡胶文化园
鸡蛋花
天鹅湖
狐尾椰
动物照相馆
售卖亭
野菠萝
野山鸡
麋鹿区
咨询中心
电话亭
中心服务区
木棉树
旅人蕉
停车场
洗手间
消毒池
油棕
三角椰
玉兰竹
验票处
电话亭
入口
散客售票处
团队售票处

　　海南热带野生动植物园坐落在风景秀丽的东山湖畔。景区占地面积300多万平方米，其中动物观赏面积130多万平方米，汇集了世界各地珍稀野生动物200多种，数量达4000余头（只）；现有植物280科，1000多个品种，为典型的热带雨林景观。

　　园内景观纯属自然天成，莽莽林海和茂密的植物为动物营造了良好的野生环境；而人工开辟的丛林小径和种植的各种奇花异草，又使游人犹如置身于鸟语花香、生机盎然的大自然中，进入一个奇丽多姿、惊险有趣的动植物世界。

芒果园
大绯胸鹦鹉
蟒蛇
洗手间
时来运转
小熊猫
红颈袋鼠
狒狒
桫椤
火鸡
老鹰
龟池
赤腹松鼠
棍棒椰
鳄鱼
狼尾蕨
酒瓶椰
卖亭
松鼠猴
光棍树
帝王椰
金丝猴
米兰
龙血树
龙血树
黄猩猩
金钱豹
红棕榈
游客中心
睡莲
富贵鸟
购物中心
贵宾楼
黑天鹅
狮虎兽
电话亭
廊桥
热带雨林
火烈鸟餐厅
行政管理区

① 动物园

动物园区设有车行观赏区、步行观赏区、湖边度假区、中心服务区等，景区内自然放养了200多种、4000余头（只）国内外珍稀野生动物，真正是"人在笼中兽在外"。此外，园内建有鸟艺表演场馆、猴艺表演场馆、动物幼稚园、小小动物世界等。

动物观赏区内最有代表性的有观猴区、狮虎兽区和火烈鸟园区。进入猴山，看见猴子有的在山上嬉戏、追逐、打架、捉蚤、清理毛发，有的在高台跳水、空中争食、登百步梯、飞走钢丝等，上演着一幕幕幽默剧，让人忍俊不禁。狮虎兽区是全世界狮虎兽种群最大的景区，可发现狮和虎同养，不但可以和平共处，而且还能相伴相恋，难得一观。参观火烈鸟园时，可见小桥下流水潺潺，一只只火烈鸟，羽毛的粉红色有深有浅，显得斑斓绚丽；双腿修长倒映水中，好像把火引烧到湖底；两翅不时轻舒慢抖，在湖面掀起道道红色的涟漪。

攻略

观赏区自然放养珍禽猛兽及热带珍稀濒危动物200余种。游客可乘车在行车观赏区观非洲狮、东北虎、黑熊等猛兽在自然状态下的风采，也可在步行区观赏亚洲象、长颈鹿、鳄鱼、河马、巨蜥、长蟒、犰狳、矮马等，还可置身于人造猴山与群猴嬉戏，在具有热带风情的飞禽世界中漫步，观赏各种热带飞禽表演。

亲子研学

园内明星——狮虎兽

狮虎兽，简单说来，就是它的爸爸是狮子，妈妈是老虎，它们是园内的大明星。狮虎兽是生物的奇迹，因为狮虎交配的受孕率是十万分之一，而狮虎兽的成活率大约是五十万分之一。而在海南热带野生动植物园，雄狮"小二黑"和雌虎"欢欢"在2005年生下3只健康的小狮虎兽后，又不可思议地在2006年3月23日凌晨产下4胞胎狮虎兽，创造了4只狮虎兽同时出生并健康存活的世界纪录。

❷ 热带植物园

热带野生动植物园是热带野生动物的世界，更是热带植物的王国。这里绿树成荫，热带经济林木、热带果树、热带花卉、棕榈植物、热带饮料作物、热带濒危野生植物等遍布其间，莽莽绿海，幽幽果香，放眼皆是满目的苍翠。

热带植物园内有很多珍贵的植物，珍稀濒危植物有桫椤、龙血树；热带花卉有黄金鸟、三角梅等；热带果树有芒果、荔枝等；棕榈科植物有三角椰子、酒瓶椰子等。此外在橡胶文化园，还可以了解海南的橡胶文化的发展历史，观赏割胶技术。

进入园区，犹如进入了一个天然的"大氧吧"，游览过程，宛如进行了一次美妙的"森林浴"，高负氧离子、高清新空气、高覆盖林海的谷湖生态环境，让人心旷神怡。

小贴士

1.园内不允许携带彩旗和锣鼓，以免惊扰动物。

2.不得自带食品或其他杂物投喂动物，以防危及动物健康，园内设有动物饲料售卖点，要按指定的区域投喂。

3.带儿童的游客，要照顾好儿童，不要在水边、陡坡和跨越护栏及隔离栏杆等危险区域玩耍和照相。

攻 略

住宿 驴友力荐的住宿地

景区距离海口市区不远，可在参观完毕后返回市区住宿。

在热带野生动植物园芒果园附近设有主题酒店区，这里有一些很有特色的酒店可供住宿，不过房价稍贵。

美食 饕餮一族新发现

园内有个火烈鸟餐厅，可以边就餐边欣赏火烈鸟。餐厅设计风格自然风雅，其色调、风格、建筑材料无不体现热带风情，人坐餐厅内，就可把窗外的美景一览无余，婆娑的椰林、环绕的棕榈、满眼的绿色、来自南美洲火烈鸟旁若无人地梳理着粉红的羽毛……餐厅内美食以海南农家菜为主，还有秘制烤肉、东山乳羊、文昌鸡、嘉积鸭、烤海鲜、珍珠鸡等海南名菜。

东寨港红树林

海底森林　水上绿洲

微印象

@丸子 东寨港环境很不错，满眼都是翠绿的红树林，当地那种生态风貌还留存着，探访了一下觉得很有意义。

@傻傻 开着小船游走在红树林中间，恍若在亚马孙的热带雨林中穿行，尤其傍晚时分，落霞与孤鹜齐飞，秋水共长天一色，甚为舒心。

门票和开放时间

门票：景区免费，游船旺季60元，淡季50元。

开放时间：9:00~19:00。

进入景区交通

位置：海口市美兰区演丰镇东寨港。

交通：景区离市区较远，可以先到大学城，在这里乘坐201路公交车可前往景区。

景点星级

美丽★★★★　浪漫★★★　特色★★★　休闲★★★　刺激★★　人文★★

东寨港红树林保护区因陆陷成海，形如漏斗，海岸线曲折多湾，潟湖滩面缓平，红树林就分布在整个海岸浅滩上，共16科32种。

除了红树林外，保护区还有多种珍贵水鸟生存。保护区内现有159种鸟类，《中华人民共和国政府和日本国政府保护候鸟及其栖息环境协定》所列227种候鸟中东寨港有75种，《中华人民共和国政府和澳大利亚政府保护候鸟及其栖息环境协定》所列81种候鸟中东寨港有35种，这里可谓是"鸟的天堂"。

1 红树林

东寨港的红树林树干卷曲，地根交错，依依偎偎，如龙如蟒，似狮似猴，像鹤像鹰，千姿百态，离奇古怪。

红树林的传宗接代非常有趣，它的种子在母树上成熟后，还要由母树"怀胎"一段时间；种子从母树体内吸收营养，慢慢萌芽、发育；待到具备独立生长能力时，就脱离母树，一个个往下跳，稳稳地插进淤泥，几小时之后，上边发出新芽，下边长出新根，就成了一个新生命。

攻略

东寨港海岸每天有两次潮水涨落，每月有两次大潮和低潮，其他时间潮水起伏不大。低潮可以看到红树林的根部和泥地，高潮时只能看到红树林的树冠。潮水大涨大落和潮水小涨小落景致各不相同，涨潮时分，红树林的树干被潮水淹没，只露出翠绿的树冠随波荡漾，成为壮观的"海上森林"。

❷ 野菠萝岛

保护区内还有一处野菠萝岛，岛上环境幽美，修有观光小道。岛的一半是人工种植的像茶树一样的红树林，生机盎然，一望无际，甚至区分不清哪里是岛哪里是海；岛的另一半就是野菠萝密林，阴森森黑黢黢，野菠萝树的根长出土壤外 2 米高，根和枝干相连，盘根错节，奇形怪状。

野菠萝树学名叫露兜树，它的果实像菠萝，但却坚硬无比，几乎无法食用，因此当地人把它们叫野菠萝，岛因树而得其名。

攻略

在离东寨港不远的海滩上，就是附近渔民所说的"村石"的地方，会看见一座以方石块砌成的保存完整的古戏台，石板上密密麻麻地布满了海蚝、贝壳。每当大海退潮时，附近的渔民还会来这里捉鱼捉虾。

攻略

从东寨港红树林保护区乘游船、快艇从码头出发，十几分钟后就到了野菠萝岛。岛上蚊子很多，需提前做好防护准备。

❸ 海底村庄

从东寨港至铺前湾一带的波涛之中，隐蔽着72 个"海底村庄"，透过海水，可见玄武岩的石板棺材、墓碑、石水井和舂米石等有序排列，这是300 多年前的一次罕见的大地震造成的，是中国迄今发现的历史上唯一的一个陆陷成海的地震废墟。

如今在退潮时，从铺前湾至北创港东西长约 10 千米、宽约 1 千米的浅海地带可见平坦的古耕地阡陌纵横。

海口火山群世界地质公园

天然的火山博物馆

@mindycao 走的地方多了，失去了很多的激动，不过这里还是有些特点的，站在山顶鸟瞰海口，有种君临天下的感觉。

@我爱老婆 虽然是一个死火山口群，但是也有着不可思议的美景，并且是世界自然遗产，还有天坑可看，漂亮极了！

门票和开放时间

门票：旺季54元，淡季45元。

开放时间：8:00～18:00。

进入景区交通

位置：海口市秀英区石山镇境内。

交通：从海口市区乘游1路公交车可到。

景点星级

特色★★★★　刺激★★★★　美丽★★★　浪漫★★★　休闲★★★　人文★★

海口石山火山群地质公园位于海口市西南约15千米的石山、永兴两镇境内，邻近琼州海峡，属地堑—裂谷型火山活动地质遗迹，也是中国为数不多的距今万年以上的火山喷发活动休眠火山群之一。石山火山群几乎集中了世界上所有类型的火山，火山区内三十多条火山熔岩流过的通道或呈隧道状，或为层状，或为分叉状，各具特色。区内还有火山熔岩隧洞几十条，其中以仙人洞、火龙洞和卧龙洞最为壮观。

火山口公园里的园林设计也是颇费心思的，两边是沿坡而上的石阶，中间则零散地堆着一些原本就裸露在地面的火山石，在黑石与黄土之间点缀着红绿的花草，倒也显得十分别致。

攻略

进入公园大门后有个蜂窝形的亭子，它就像是一个露天的舞场，旁边可以坐人。亭子两边还各有一间蜂窝形的建筑物，一边是出售火山工艺品的店，另一边则展示火山、地震、飓风、龙卷风等各种自然现象的形成及特点等，另外还陈列了一些矿石，如水晶之类的。

① 双池岭—马鞍岭

双池岭是园区内一个窗口性景区，内有4座火山，南锥风炉岭、北锥包子岭及两个被称为"火山圣婴"的小型的寄生火山，构成一个完美的全新世休眠火山家族。

马鞍岭因其状似马鞍而得名，是火山群的标志性景点。马鞍岭由风炉岭、包子岭两座火山构成，其旁侧有两个寄生火山，四座火山集于一区，组成一个火山家族。景区有火山神道、岩石环廊、熔岩流、奇特的结壳熔岩、神秘的火山口、火山岩石器等丰富的地质人文景观。它们融合在古榕树群、野菠萝群、热带水果林之中，展现了火山的无穷魅力。

攻略

1. 环绕火山口一圈分别有朱雀、青龙、白虎、玄武4个观景台，站在观景台上可以俯视海口，天气晴朗时可以远眺琼州海峡对岸的广东省。

2. 公园门口有两个穿着民族服装的姑娘，可以跟她们合影，不过是收费的。进入公园内，可以雇导游讲解。

❷ 仙人洞—卧龙洞

仙人洞距马鞍岭火山口约4000米，其全长约1200米，因传说道士在洞中修炼成仙而得名。仙人洞曲径通幽，洞中有洞，天外有天，扑朔迷离，岩壁上有各种形态的熔岩石乳，似落非落，令人惊叹。

卧龙洞距仙人洞不到1000米，洞长3000米，高7米，宽10米，可容万人。

解说

仙人洞石奇，水也奇，随时可以听到水滴的清逸声，水滴在不同形质的岩石上引起不同的音调，组成十分美妙的音韵。

洞口玄武岩上的"石室仙踪"石刻引人注目，洞中又有洞，人们在20世纪50年代清理洞中泥沙时，发现类似斧凿的磨光石器，可能曾经是人类祖先穴居的遗址。

❸ 雷虎岭—罗京盘

雷虎岭是一座海拔高度仅187米的死火山，山顶是火山口，直径约300米，中心下深度约五六十米。站在山顶南侧，可以清晰地看见山顶的西北侧有宽大的缺口，使整个山形看上去像农家使用的簸箕。

罗京盘是一处玄武岩地上的低平火山口，内径900~1000米，深度35米。火山口底部平坦，中心位置凸起一个熔岩丘，高7~8米，底部田块呈辐射状，边坡为梯田，呈环形，故形态酷似运动场，也犹如一座小盆地。这里不仅形态优美，田园景色也十分怡人。

点赞

👍 @会好好 海口火山群公园十分有特色，可以看到熔岩凝固后的岩石状态，还可以下到火山口较近的区域感受身处火山中的奇妙感觉，十分值得游玩。

👍 @ai妮浪漫 当置身在古火山口中时，觉得自己身在一个远离世俗的佳境当中，琳琅满目而又细致入微的根雕园，高大而又活跃的火山石，恬静舒适而又刚硬自然的石板桌，沉睡千年而又充满生机的保护区……美好得不像人间！

石山火山群示意图

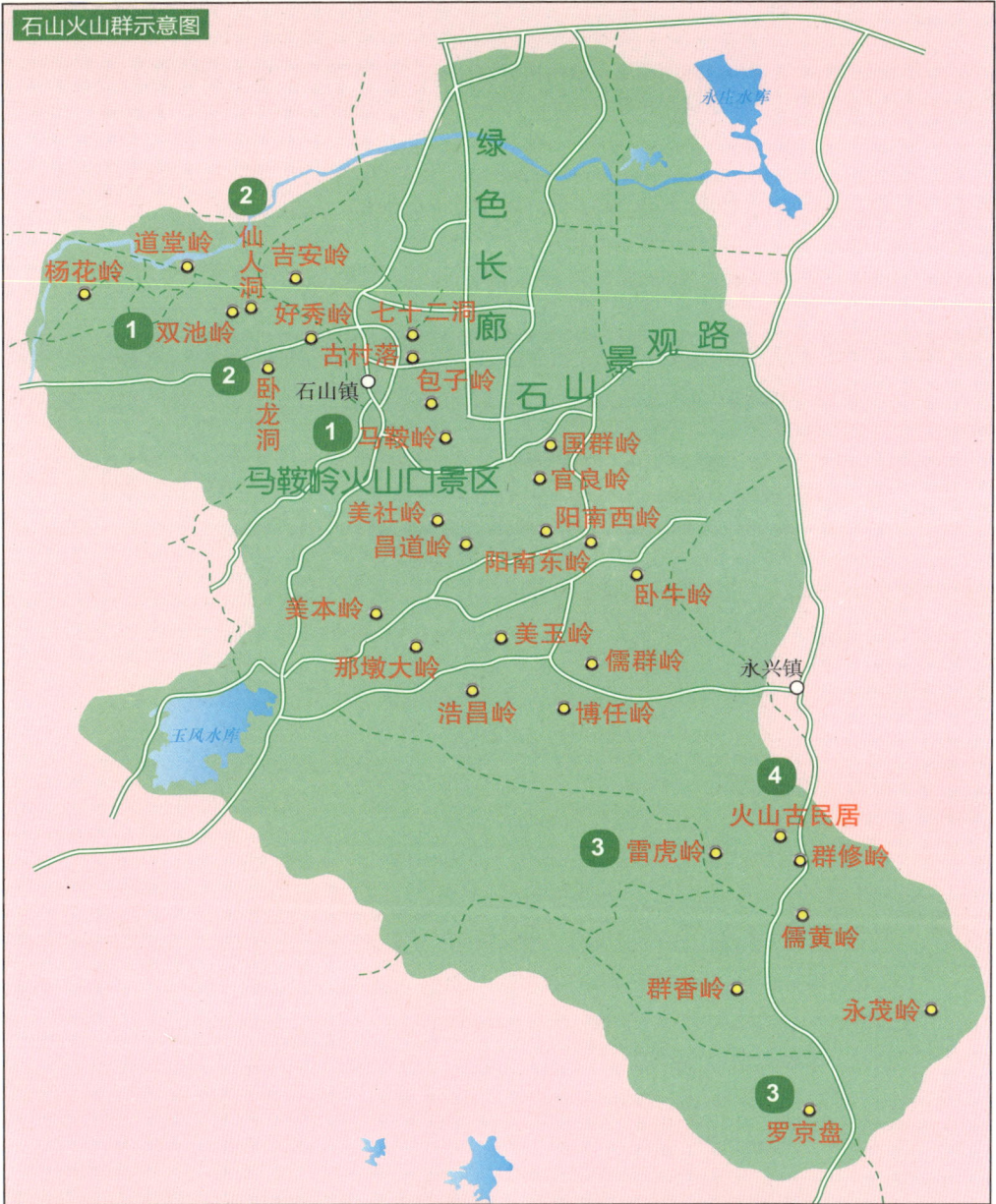

永生水库

绿色长廊

② 道堂岭 仙人洞 吉安岭
杨花岭
① 双池岭 好秀岭 七十二洞
② 卧龙洞 古村落 石
石山镇 包子岭 山
① 马鞍岭 景
马鞍岭火山口景区 国群岭 观
官良岭 路
美社岭 阳南西岭
昌道岭 阳南东岭
美本岭 卧牛岭
美玉岭
那墩大岭 儒群岭 永兴镇
玉凤水库 浩昌岭 博任岭

④ 火山古民居
③ 雷虎岭 群修岭
儒黄岭
群香岭 永茂岭

③ 罗京盘

❹ 火山古民居

民居是使用玄武岩材料建造的房屋，不用任何黏合剂，却非常牢固，且冬暖夏凉。利用玄武岩打造的各种生产生活用具，如石磨、石舂、石盆、石桌、石椅、石碗等，其精巧的设计和精湛的技术令人叹为观止。

位于马鞍岭火山口南麓的美社村是当地古村群的代表。美社村建于明代，至今村内仍保留着许多文物古迹，其中福兴楼和"礼让休风""光分鳌极"两块石匾最有代表性。福兴楼为五层结构，高20米，墙体选用大块火山岩为材料，充分采用了火山古民居的切筑工艺，具有一定的代表性。另外，福兴私塾、古井、避寒舍、王桂楷古宅、王天鑫宅院也都采用火山岩为材料和火山古民居切筑工艺建造。

攻略

1.美社村村民多以种植水果、瓜菜为生，使这个美丽的古村落绿树环抱，古木众多，其中木中黄金黄花梨与海南黎锦及海捞品并称海南三宝。

2.在美社村文化广场上，八音琴、二胡、唢呐、锣鼓等八件民族乐器一应俱全，这正是有名的"火山八音"，在这还可以听到海南传统音乐《拜堂曲》。

攻 略

美食 饕餮一族新发现

石山火山群景区不大，加上吃饭时间3个小时也能逛完，所以在参观完毕后返回海口市区住宿即可。

公园对面有家餐厅叫作火山酒家，颇负盛名，主要菜品有石山壅羊、带皮小黄牛肉、椰子饭、石山糯米糕等，多数菜品都具有石山本地特色。在酒家用餐还可免费观赏海南特色民族歌舞表演，并可参加其中的"竹竿舞"等互动舞蹈节目。

石山壅羊是当地的特色美食之一，据说因为石山镇地处死火山地带，土地非常肥沃，因此长出来的草也特别地鲜嫩，镇里的人使用这些草来喂养羊，羊肉毫无平时的膻腻。

此外，荔枝飘香的季节大约在五六月份，这时来石山还可以到周围村庄采摘荔枝。

行程推荐 智慧旅行赛导游

在火山上沿山道登上火山口，可参观各个独具特色的洞，依次有双池岭、好秀岭、马鞍岭、仙人洞、卧龙洞、雷虎岭、罗京盘等。此外，园区内设置的各类火山石和火山农具都值得一看。游览整个景区需要两个小时左右。

观澜湖华谊冯小刚电影公社

电影主题街区

@the_air 华谊兄弟影业的电影外景地，里面开了很多商店，比如美食、照相馆、纪念品商店，可以逛逛，还可以坐黄包车、马车。

@M13****922 喜欢去这样的地方，漫步在街头，欣赏道路两旁的街景，有种时光倒流的感觉。

门票和开放时间

门票：东方红园区、南洋潮园区、江城谣+芳华园区，三个园区单票均为136元，双园联票168元，三园联票238元。三园联票夜游含演出168元。

开放时间：9:00~18:00。18:00以后可用夜游票。

进入景区交通

位置：海口市龙华区羊山大道19号。

公交车：乘7、16路公交在观澜湖电影公社站下车即达。

景点星级

人文★★★★   美丽★★★   特色★★★   休闲★★★   浪漫★★   刺激★

景区以冯小刚《一九四二》《唐山大地震》《非诚勿扰》《芳华》等经典电影场景为建筑规划元素，打造综合娱乐商业街区，呈现二十世纪整整百年间的中国城市街区风情，完整展现二十世纪中国城市建筑的演变史。在这些以冯氏电影场景为特色建筑风格的街区中，将聚集不同品牌和特色的美食、餐饮、娱乐、电影院、咖啡屋、精品店、精品酒店……难忘的电影场景，浓郁的怀旧气氛，日与夜转换的旅游商业街区，一个世纪中国城市街区的转变，将使整个项目集建筑旅游、电影旅游、商业旅游于一体。

电影公社包括三条主街（1942民国街、老北京街和南洋街），三个主题区（分别是冯氏贺岁电影景观区、教堂广场区和全球最大的8000平方米摄影棚及配套服务区），还有一条影人星光大道。

❶ 1942民国街

电影公社率先开放的1942民国街深受广大游客的喜爱。1942民国街，以冯小刚电影《一九四二》中出现的重庆街道为蓝本，91栋建筑集合了二十世纪三四十年代长江流域四大城市重庆、武汉、南京、上海等地典型的建筑风情。街道内，包括餐饮、扮演式拍摄、旅游纪念品、主题酒店、文化展示等业态都已开放，游客可在欣赏民国建筑风情的同时，还能体验吃住游购娱等各个方面的优质服务。

此外，1942民国街还不断增加新的设施和服务，包括荣光戏院，戏院会播放冯小刚导演专门为电影公社剪辑的贺岁电影集锦《悲喜十八年》，此外街上还设有古钱币博物馆和金币博物馆。

攻略

1.《南洋往事》演出场次：16:00场、19:30场（每周一休演，法定节假日正常演出）。演出时长约80分钟。

2.《再现芳华》演出场次：11:00场、15:00场（每周一休演，法定节假日正常演出）。演出时长约30分钟。

❷ 芳华小院

芳华小院位于1942民国街的尽头，入口在邮局和新华书店之间。电影《芳华》80%镜头的拍摄，都出自这座不起眼的小院。

为了拍摄《芳华》，剧组花费了很大精力搭建了文工团院子的外景。为了真切地还原时代背景，这座小院的搭建从建筑到陈设，即使是游泳池内一块普普通通的瓷砖，也要严格按照二十世纪七十年代的风格来选择。

③ 南洋街

南洋街是华谊冯小刚电影公社落成的第二条特色风情街道。灵感来自珠江流域，特别是海口当地的骑楼建筑，集合了 70 幢中外建筑风格交相辉映的南洋风情建筑。其中，富有时代感的牌坊、码头、钟楼、小桥等南洋建筑集群极富意趣。

④ 影人星光大道

由明星的手印和签名组成，采用整块大理石，通过人工切割、雕刻、打磨，制作成 1.2 米高的基座，方便游客在喜爱的明星的手印前拍照留念。首批呈现手印和签名的有 80 位明星，其中大部分明星都亲临过电影公社，包括有冯小刚、葛优、张国立、成龙、刘德华、徐帆、宋丹丹、姚晨、李冰冰、廖凡、段奕宏等，此外还有尼可·基德曼、摩根·弗里曼、杰西卡·阿尔芭、克里斯·埃文斯等。

漫步影人星光大道，感受浓浓的星光，与自己的偶像不期而遇，绝对是一件开心的事情。

攻略　电影公社的正确打开方式

1.华谊冯小刚电影公社展现了二十世纪这百年期间的中国城市街区的变迁之景。这里沿街商铺不断，还有众多美味餐厅。可以乘坐黄包车、马车感受一下这里的气息。

2.1942民国街以冯小刚的电影《一九四二》中的重庆街区为蓝本，其中还有20多栋建筑是完全按照老照片还原而成的，比如西山钟楼、重庆国泰戏院等，这些地方不容错过。

3.1942民国街云集了众多美食餐厅，表演项目也多是集中在这条街区。

4.南洋风情街汇聚了众多中外风格的建筑，带有浓烈的复古气息。游玩景区时，租一套特色服饰在这里拍拍照，也是一个不错的纪念方式。

5.在芳华小院，有洋瓷杯、绿色的墙壁、随处可见的红色标语……可以在景区租借一套衣服拍照，重返那个芳华时代。

第3章
海南东线

铜鼓岭

东郊椰林

文笔峰

博鳌水城

万泉河

兴隆温泉度假区

分界洲岛

南湾猴岛

东山岭

铜鼓岭
迎接琼州大地的第一束阳光

微印象

@请叫我可乐 山顶的草坡很漂亮，早上在此看日出很棒。另外，山脚处有个石头公园，有很多很奇怪的漂亮石头，很有看点。

@欣欣雨 在通往铜鼓岭的路上，美景开始映入眼帘，可以看到弯弯的海湾，大海和蓝天连成一线，绿树和蓝蓝的大海相互辉映，好一个世外桃源！

门票和开放时间

门票：45元。门票和往返观光车90元。

开放时间：9:00~18:00。

进入景区交通

位置：文昌市东部滨海地区龙楼镇，距文昌市区约40千米。

旅游专线：在文昌高铁站乘坐航天专线1路可到铜鼓岭。在文昌市区乘游2路公交也可到。

景点星级

美丽★★★★　浪漫★★★　休闲★★★　刺激★★　特色★★　人文★★

铜鼓岭西连内陆，东濒南海，绵亘20多千米，是海南的最东角。相传东汉伏波将军马援挥师渡海，在此登岸设营，班师回朝时，遗下铜鼓，后人掘之，故以此为岭名。

这里山美石奇，传说动人，素有"琼东第一峰"之美称。整个旅游区包括铜鼓岭国家级自然保护区（含石头公园、淇水湾近岸）、月亮湾、宝陵河等，明媚的阳光，湛蓝的海水，纯净的海风，奇异的石景，以及没有一丝张扬色彩的满目青翠，构成了真实的铜鼓岭。

① 铜鼓岭

人们通常所说的铜鼓岭指的是其海拔338米的主峰，北端是观景台，登高远眺，月亮湾海浪翻涌千层，海天一色空蒙，渔帆游弋群鸥翔翔，远眺七洲列岛如彩珠洒落海中……

山顶观景台旁有一风动石，高约3米，重约20吨，整个石头就一个支撑点，其余部分悬空。风吹能动，人推也能动，但就是不倒，台风都吹不倒，为一奇观。

攻略

1. 上山可以沿着盘山公路开车或步行；如果在半山腰雨林栈道入口处进入新修的登山古道拾级而上，可以真正领略到许多珍稀植物及根抱石等各种热带雨林自然景观。

2. 铜鼓岭在海南岛最东角，是欣赏海南岛第一轮日出的最好观测点，日出时间大约在6:00，冬天会晚些。

故事　风动石的传说

站在风动石前往下看，最引人注目的是岭脚下藏龙卧虎般的岩石，传说有3650块，它们原是一只只有生命的羊，风动石就是居高临下的"牧羊女"。一天，玉皇大帝出巡，看见这美丽的牧羊景象，十分喜爱，因怕其消失，遂召来雷公，将其化成这幅"永远的牧羊图"。

119

② 月亮湾

铜鼓岭北面山下是一片美丽的海湾——月亮湾，沿着自西向东的宝陵河，到了出海口就是月亮湾。在岭上登高远眺，月亮湾海滨沙滩宽阔，松软细白，海浪重叠千层，波峰泛银；朝北望去，宝陵河像一条飘带柔曼地飘然然入海，银色沙滩蜿蜒远伸，漫无尽头；远眺岭西内陆，青浪如海的椰林掩映着一个个村庄农舍，一道道狭长的水田带绕丘环坡，好一派南国田园风光。

攻略

1.从铜鼓岭下来后在山脚右转有条小路，走大约20分钟就能到月亮湾海边。

2.在晴朗少云的天气，看海效果非常好，通常冬季如果刮北风，空中雾气就大，能见度和大海的色彩就不是很理想；如果刮南风，不仅浪花好看，大海也多姿。所以，想专业摄影的话，一定要咨询天气状况。

③ 大澳湾

铜鼓岭与铜鼓角之间有许多海湾，其中位于铜鼓角山下大澳港的大澳湾尤其美丽。从铜鼓岭主峰下山向南走，在到达南端的石头公园之前，大澳湾是必经之地。大澳湾两端是葱郁的山峰，中部是1千米多的白色沙滩，"U"形海湾中海浪也如月亮湾一样浪如花涌。这里海水非常纯净，沙滩非常细腻，用脚后跟蹭着沙子可以听到"吱吱"的响声。

攻略　铜鼓岭露营

因为交通不便，所以铜鼓岭很少有人为的侵扰和污染，很适合露营，附近的任何一个海滩都能搭帐篷，每一个沙滩景色都不错。建议把帐篷搭在石头公园旁边的沙滩上，因为这里有渔民居住，取淡水会方便一点。大澳湾海边的草坡也不错，环境很好。最好不要在铜鼓嘴山顶的草坡上搭帐篷露营，夜里如果突遇大风会十分危险。

❹ 石头公园

石头公园位于云龙湾和铜鼓嘴之间的铜鼓角山下，海滩上的大小石头早被海浪和风雨侵蚀得如鬼斧神工般形态各异，颜色不一。坐在礁石上，看着海水扑打巨石掀起的阵阵巨浪，听着那隆隆的巨响，你会深深体会到大自然的威力与魅力。

石头公园由三部分组成：第一部分气势磅礴，石头重的达数千吨，形状千姿百态，特别是风动石，高3米多，重约20吨，千万年来历经沧桑；第二部分由墨绿色的花岗岩组成，石头较为平缓，错落有致，石头上海水星罗棋布，蓝天白云倒映，景色旖旎；第三部分形态统一，由天然鹅蛋石组成，大大小小的鹅蛋石安然地躺满了铜鼓角，仿佛在向人讲述着铁棒磨成针的故事。

点赞

👍 @jessica 海南不缺奇石，但是这里的石头却有着自己的独特之处，也许是因为位于铜鼓岭旁吧，沾染上了这里的神秘气息。

👍 @老鼠笨笨 石头公园是海边的一个礁石滩，其中有几块礁石十分巨大，登上去望向远处，石、海、天交融，十分秀丽。

❺ 铜鼓嘴

也许海南岛最具有震撼力的海边景观就是铜鼓嘴了。铜鼓嘴山顶是面积达1万平方米的起伏不平

小贴士

1. 铜鼓嘴山道边树上常有一种红澄澄的果子，格外诱人，但是千万不要吃，含有毒。

2. 铜鼓嘴山顶十分险峻危险，千万要注意脚底光滑的草地，不要靠近悬崖。

的草坡，草坡上长满一丛丛低矮的野菠萝树和狐尾椰。面对浩渺的大海，迎着海风，看着凹凸直坠200米深渊的悬崖峭壁，人只能匍匐向前。

❻ 云龙湾

云龙湾的奇异不在海上而在海底。几千米长的海湾下面分布着100多种保护完好的珊瑚资源，以及依赖珊瑚礁栖息的海草和400多种珊瑚礁鱼类。

值得一提的是，这里岸边清澈的海水下面生长着许多令人恐怖但并没有任何危险的蜂窝珊瑚，巨大的胶质状蜂窝珊瑚有的面积甚至达一二十平方米，有的像锅盖，有的像牛粪，布满海底礁岩；海底缓坡和巨石崖壁上生长着摇曳漂浮的海草，海草丛上是四处游弋的贝类、螃蟹和五彩缤纷的小鱼。

攻略

1. 云龙湾海滩如今已无潜水公司驻扎，单独潜水和游泳要注意那座露出海面的礁石周围的海底水草、水流方向和海浪冲击。

2. 景区内有名贵的檀香木、多种药材、矿产、珍禽异兽；岭上的鹧鸪茶，冲泡色清可口，消滞解腻，可以试一试。

Follow Me 海南深度游

攻略

住宿 驴友力荐的住宿地

铜鼓岭周边除了龙楼镇有一些私人旅馆外，还有文昌鲁能希尔顿酒店、三个台湾女生的海边度假民宿、云巷云舒海景家园客栈等宾馆，这里环境还不错，靠近海边，清晨可以看渔民拖网捕鱼，白天可以到海边礁石处潜水，晚上还可以抓沙滩上的螃蟹。

美食 饕餮一族新发现

从龙楼镇到云龙湾、石头公园，一路上有许多海鲜坊，都建在海边，近海盛产龙虾、鲍鱼、海胆等，可以尝试一下当地特色的海鲜大餐；新兴五巷与新兴路交叉口西北50米处的力哥地道海南菜不错。

另外，文昌鸡不仅是海南四大名菜之一，也是享誉全国的佳肴，可以在文昌当地吃一次地道的文昌鸡。

特别提示

铜鼓岭附近有东郊椰林，铜鼓岭与东郊椰林最好安排为一日游，如果先游铜鼓岭，下午到东郊椰林游览完后就地住宿；如果先到东郊椰林，晚上游览后在铜鼓岭周边住宿。

东郊椰林

椰风海韵最风光

@窗台上的猫 东郊椰林确实是一个好地方，一望无边的大海和一大片的椰林给人的感觉真的很舒服，假如有机会，真想和家人在那里待上一个星期！

@dellair 东郊椰林的海滩很美、很大，如果带一个吊床，系在椰树上，躺在上面吹吹海风，应该是件很浪漫的事情。

门票和开放时间

门票：免费。

开放时间：8:00～18:00。

进入景区交通

位置：文昌市东郊镇海滨半岛，从清澜港乘船过渡即到。

交通：在文昌市区乘游3路公交到椰林一号站下车，再徒步一段可到。

景点星级

美丽★★★★　浪漫★★★★　休闲★★★　特色★★★　刺激★★　人文★★

文昌别称"椰乡"，这里的椰子种植面积和产量占海南全省 50% 以上，东郊镇又占全市椰子种植面积和产量 50% 以上，这里椰子的品种有红椰、青椰、良种矮椰、高椰、水椰等，共 50 多万株。

东郊椰林绵延在 5 千米的建华山海岸线上，葱翠的椰林组成一条一望无际的林带，可谓海岸线上一道天然绿色屏障，"文昌椰子半海南，东郊椰子半文昌"这句俗谚形象地道明了东郊椰林的广袤。这里四季如春，天蓝水碧，海清沙细，椰枝摇曳；这里海湾瑰美，风平浪静，银沙柔软。轻执爱人手，朝看碧海霞云起，轻舟泛海去；夕观金涛粼光跃，归帆破浪来。

攻略

1.椰林还有一处奇特罕见的海上森林——红树林，漫步风姿绰约的椰林小道，游人可尽情感受那略带椰香的习习海风与沙沙林涛。

2.濒海处是洁净绵细的沙滩与湛蓝清澈的海水，为绝佳天然海水浴场、水上运动和游乐胜地。此外浅海还盛产龙虾、对虾、石斑鱼和鲍鱼等名贵海鲜。

小贴士

东郊椰林景区门口有卖椰子的，椰子汁很好喝，椰蓉也很甜。听当地人说，上午的椰子汁是最甜的，到了下午味道就会淡很多，所以如果想喝到新鲜香甜的椰子汁就要早早地去。

椰树林的海湾呈弧形，椰林茂密，步入林区，只见大小、高矮、直弯、斜曲的各态椰树参差错落，土生土长、朴然成林。林下路随树转，曲折盘旋。信步于弯曲的椰林小道，只觉凉风习习，林涛沙沙，处处阴凉舒适。

在椰林中有很多风情小木屋错落于椰树间，座座背林朝海，屋里陈设古色古香，朴素而自然，具有套房的设施功能。悠然自得坐于屋檐下品茗赏海，椰林的海滩也是个拍摄日落的好地方，让你真正享受到椰乡大自然的温馨和甜蜜。

到东郊椰林游玩，椰子水是不可不尝的，它被当地人称为天水，清甜甘美，含有多种有益元素。在椰林里喝新鲜椰子水，你定会感到全身清爽。

走出椰林便是蔚蓝而宽阔的大海，东郊椰林附近的海水清澈，沙质细软，珊瑚色彩斑斓，幽邃迷人，可开展各种沙滩运动和水上活动。区内还建有旅游码头、海滨度假村、海鲜坊等，这里的浅海盛产龙虾、对虾、石斑鱼、鲍鱼等海鲜。

点赞

👍 @老鼠笨笨 "文昌椰子半海南，东郊椰子半文昌"，正是这句民间谚语让我对东郊椰林十分向往。椰林湾的沙滩很美，沙子也比三亚的细，沙滩上遍布小洞，随处可抓到寄居蟹，很有意思。

👍 @艾小汐 在这里住一天，可以看到日出、日落、海鸥、渔舟，以及涨潮时白色的海浪和退潮时@海水轻拍海岸。不仅如此，这里还可以品尝到几乎所有品种的椰子的美味。

文笔峰
道教南宗发源地

微印象

@dorisqiu 在文笔峰山脚下时就被其壮观的气势所吸引，买票之前可先在正门右侧的两栋古代庭院处逛逛，这里标准的古代富人居住的庭院，可让人大开眼界。

@花果山的猴 文笔峰是一个需要人静下来慢慢去感受的地方，里面的道家气息非常浓厚，去之前读几篇关于道家的文章会更有意义。

门票和开放时间

门票：淡季（5月至9月）45元，旺季（10月至次年4月）52元。景区内电瓶车18元（可到玉蟾宫）。

开放时间：8:00~18:00。

最佳旅游时间

每年的11月至次年4月是文笔峰旅游的黄金时间，热带原始丛林这时更是层层叠叠，逶迤不尽，非常适合登山探险。

进入景区交通

位置：定安县龙湖镇丁湖路口。

交通：在定安汽车站乘坐到文笔峰的班车。

景点星级

美丽★★★★　特色★★★★　休闲★★★★　人文★★★★　刺激★★★　浪漫★★★

"山不在高，有仙则名"。文笔峰相传为盘古的鼻梁所化，是盘古开天辟地之后，世间最早出现的一座山峰。盘古是宇宙万物之初始，是世界文化之根源，盘古的鼻子自然是吸纳天地精气的地方，因此，文笔峰被当地黎民百姓视为祥瑞之地，受世代海南人民的敬仰。

文笔峰从山腰至山顶主要由玄武岩和片理岩组成，山上植被茂盛，山顶常有云雾缭绕。文笔峰，又名文豪岭。"文笔""文豪"的意思就是文采、有文采的人。古代这里出了不少文人、才子，如明朝的礼部尚书王弘海，就出生在文笔峰脚下的雷鸣镇龙梅村。

故事　文笔峰的传说

关于文笔峰的由来有一个神奇的传说：相传很久以前，有位仙人挑着一担仙土准备送到王母娘娘的蟠桃园，路过定安的时候，仙人看到这里人杰地灵、美景如画，便停下来歇歇脚、饮酒赏景，一筐土放在自己的脚下，另一筐土放在旧州，不知不觉仙人就喝醉睡着了，这一睡就睡了很久很久，仙人便化成了仙人石，两担土变成了两座山，定安这座山就是现在的文笔峰。

攻略

1. 文笔峰的整体建筑比较大气，从台阶走上去感觉建筑还是有可观性的，建筑走完到观景台处还能俯瞰下面的风光。

2. 文笔峰与南丽湖山水相依、形意相生，自古被视为"龙首龟背"的风水宝地，游览文笔峰的同时可以顺道游览一下南丽湖。

从景区南大门进入，迎面看到的便是两棵百年榕树，榕树枝藤绕生，左右荫护。榕树后面是玉蟾宫山门前大广场，广场上的"大罗圣境"牌楼上四重飞檐似欲凌空挑起，各檐立有一镂花石雕笔柱，拱卫着牌楼正顶的神仙宝葫芦。大罗圣境是道教的最高圣境。

绕过牌楼便进入山门护法灵官神殿，殿内奉祀王善灵官。王善原为道教护法监坛之神，专司镇妖辟邪、驱鬼护民之事。灵官殿后院两边便是法务流通的殿堂，殿前东西两侧各有一株枝丫张扬似鹿角梅开的香兰树，据说左为雄性，右为雌性，属于价值名贵的树种。

从护法灵官神殿出来拾级而上，穿过"琼阆仙苑"牌楼就进入玉蟾宫的祀神殿区了。环文笔峰而建的玉蟾宫建筑群拥有殿堂十余座，是目前中国最大的仿古建筑群之一。

攻略

1.香兰树雌雄相对而生是为了表达道教阴阳太极生生不息的理念。

2.从灵官殿出来拾级而上能看到五龙喷水戏莲台的造景，按道教礼仪在拜神敬天之前要先行沐浴，这座三重莲花池中喷涌而出的清水就是让游人洗手漱净用的。

3.台阶上阳面正中雕龙影壁，影壁前面写有"南宗宗坛"四个大字，阴面有玉蟾祖师的阐经之作《道德宝章》石刻，由宋代大书法家赵孟頫书写。

穿过祀神殿区往前，西边为财神殿，供奉关圣帝君、刘海蟾祖师和黑虎玄坛赵公明元帅三位神主；东边为药王殿，殿中主祀为神农炎帝，炎帝左右两边分别供奉"药王"孙思邈和"医圣"李时珍。财神殿位居西边是为了应西方庚辛生金之义，药王殿位居东边是以应东方生生之气。

西门　影壁
月老殿　银河桥
道政堂
北
长廊
堤
养生堂
天璇亭　天玑亭
蝙蝠亭　天权亭
福慧池
入口
卫生间
天枢亭　玉衡亭
福慧桥
开阳亭
碧霞殿
东大门
瑶光亭　元辰殿
天后殿
三清坛
功行桥
卫生间
转运殿
宁馨桥
文笔
书院
南天门
卫生间
蛤蟆石
卫生间
文昌阁
慈航殿
日潭
月潭
卫生间
玉蟾阁
杏林殿　紫阳殿
翠霭殿　道光殿
二天门　接待管理
青龙池
一天门
鼓楼　钟楼
步蟾桥
鉴心池
综合餐厅
财神殿　药王殿
南宗宗坛
警卫
正山门
停车场
大罗圣境门牌

文笔峰示意图

穿过财神殿和药王殿，便到了鉴心池，自鉴心池上登182级台阶，便是钟鼓楼区；拾级而上，穿过一天门殿和二天门殿就是神殿区广场；广场正北三重飞檐、八角造型的宋式风格的大殿就是玉蟾阁，玉蟾阁供奉的是道教南宗第五祖白玉蟾。轻灵飘逸的飞檐建筑设计，表现出白玉蟾聪明透脱、超越尘俗的精神气质。

自玉蟾阁向北，从飞龙影壁沿子午中轴线所铺设的石阶登峰而上，经过南天门，便是文笔峰峰顶三清坛。自三清坛沿西线路径而下，即到转运殿。自转运殿沿北向东，即为月老殿。文笔峰东南方的

攻略

道教仪规一般在农历每月初一、十五时或遇到盛大法事活动，如开光等会敲响钟鼓，以示敬神和威仪之功。

元辰殿又称六十甲子殿，供奉斗姆元君、六十甲子神（本命神）和五方帝君。连接元辰殿和三清坛的，是自下而上沿山体递升的七星亭，连接七星亭成就登天之路的是自文笔峰东坡开始的"人道天梯"。

故事　月老的传说

　　道教神仙月华真君俗称月老，相传月老常在月光童子相伴下背着个布袋周游人间，他善解人间姻缘，对善男信女的缘分祈求有求必应。人间男女，哪怕远隔千山万水，哪怕贫富地位悬殊，一旦被月老根据婚牍记录，"赤绳系足"，就注定会成为夫妻。

　　在元辰殿西侧的三洞经院旁，由文笔峰体自上而下，分别为文昌阁和慈航殿。慈航殿高台长阶之下是日月潭，其造型由日月合偶而成，日潭正中一尊手持净瓶的慈航道人塑像凌潭而立，慈祥庄严。园区内各宫观殿堂之间，或有山石衬立，或有树峰相映，或有池潭湖水相依，湖光山色之中，青龙池、福惠池及池上角亭和回廊绕依生成，径流画栏相通，相得益彰。

攻略

　　日月潭园区西边是文笔峰宋城文化娱乐园区，由定安宋城县衙、怡春园茶楼戏楼和餐厅三部分组成，是游人进行乡土文化艺术观赏、娱乐和休息的地方。

点赞

👍 @比翼菲菲　文笔峰是依山傍水间的一座道观，很壮观，空气清新，而且解说员讲解得很到位。游览着这些宫殿，听着解说员的讲解，从真正意义上了解到了中华文明的博大精深。

👍 @花仙子　这里是一个去了之后能增长知识的地方。听着导游的讲解，能增长知识，很有意义。

攻　略

景区交通　游遍景区不犯愁

　　观光车： 观光车环行路线全长约5.9千米，从南大门出发，经过慈航殿、文笔书院、元辰殿、东门养生堂、月老殿、西门、玉蟾阁等站点回到南大门。

食宿　驴友力荐的住宿地

　　文笔峰景区内没有可住的地方，游览完毕后可以返回安定县或者海口市住宿。

　　从文笔峰大门往南300米是香草田园共享农庄，这里有23公顷芳香主题花海、598种芳香植物，还有许多游乐设施，当然也有民宿和餐厅。

　　香草田园花园餐厅就在主干道旁。你可以坐在这儿点上一壶茶，静静欣赏田园里的风景；也可以点炒菜，香草鸡煲、猪舌菜心等都很受欢迎。

博鳌水城

上苍编织的五彩绸带

@小二郎 博鳌给我的感觉是"温润",如一块美玉。空气清新润泽,植被茂密翠绿,淡水水质柔滑,海水温婉妩媚,这里是个养生度假的好地方!

@蒲公英 我是跟旅游团去的,虽然是走马观花,但是感觉风景还是很不错的。天高,空气好,景色秀丽,值得一游。

门票和开放时间

门票:131元,含园区参观+博鳌亚洲论坛国际会议中心+龙颈穴+电瓶车+玉带滩(含往返船票)。
开放时间:8:30～17:30。

最佳旅游时间

每年11月至次年3月为佳,其他地方正当寒冬之时,这里却一派阳光明艳、树木葱茏的夏日景象。

进入景区交通

位置:琼海市博鳌镇。
公交:在琼海市区乘2路车可直接到达博鳌海边的旅游码头,再走10分钟可到水城;还可以在汽车站坐中巴直接到博鳌镇;也可以在博鳌火车站乘坐13路公交前往。

景点星级

美丽★★★★　特色★★★★　休闲★★★★　人文★★★★★　刺激★★★　浪漫★★★

　　博鳌水城位于世界河流入海口自然环境保存最完美的处女地——万泉河出海口，这里依山傍海，地形地貌鬼斧神工。博鳌以"亚洲博鳌论坛"而闻名，融江、河、湖、海、温泉、山麓、岛屿于一体，这里水中有岛，岛中有水，秀丽景色和名胜古迹集于一地，被人们誉为奇妙的南国风光画卷。

　　现有博鳌亚洲论坛成立会址、博鳌亚洲论坛永久会址、玉带滩、圣公石、东方文化苑（含博鳌禅寺、莲花馆）、南强生态村等众多景点，此外还有众多的高档酒店、高档别墅和高尔夫球场。

❶ 玉带滩—圣公石

　　玉带滩位于博鳌水城东部，是一条自然形成的地形狭长的沙滩半岛。一边是万泉河、九曲江、龙滚河三江出海，另一边是南海的汹涌波涛，千百年来任凭河海冲刷，玉带滩稳稳当当地卧于二者之间。

　　玉带滩前行不远处，有一个多块黑色巨石组成的岸礁，屹立在南海波浪之中，状如累卵，突兀嵯峨，那便是"圣公石"。传说它是女娲补天时，不慎落下的几块砾石，千百年来任凭风吹浪打，它自岿然不动，一直和玉带滩厮守相望。

② 东方文化苑

　　东方文化苑与博鳌亚洲论坛永久会址隔水相望，由博鳌禅寺、万佛塔、莲花馆等组成。

　　博鳌禅寺按正统禅宗寺院规制建设，以南北为中轴线，依次为通慧门、天王殿、普济殿、大雄宝殿、万佛塔，其中普济殿供奉12尊独具特色的"十二生肖观音像"。大雄宝殿的造型融中国皇家建筑与佛教建筑特色于一体。

　　万佛塔是博鳌地区最高的建筑，站在塔上可鸟瞰水城的生态地理奇迹。塔内供奉一尊青铜千手千眼观音菩萨像和由尼泊尔国王赠送的释迦牟尼铜质镏金佛像。

　　莲花馆是一座以莲花主题的科技、文化馆，通过数字化手段全面展示莲花的历史、文化、科技、经济价值等综合知识，特别突出强调莲花与佛教、莲花与世界和平的主题内容。

③ 南强生态村

　　南强村同博鳌亚洲论坛会址仅有一桥之隔，虽已有300多年的历史，但这里的百年古井、百年古树、老屋、古巷等诸多古迹，仍然风姿犹存。如今，这里乘着文明生态村建设的春风，兴建了村门、围墙，建起了宣传文化室、球场等文体活动场所，开辟了村口小公园，栽植了300多株各种树木和花卉，这些使南强村成为融观景、怀古、漂流于一体的"滨海观光村"。

攻略

　　1.温泉浴：这里温泉水温为62℃~70℃，并配有极具特色的中药浴，如功能性温泉水疗、土耳其矿砂浴、云南大理石板浴等。

　　2.高尔夫球会：其练习场是柚木结构建筑风格，有22个打位，可以同时容纳22人练球。有资深教练驻场指导，并配备一流的练习场设备。

④ 博鳌亚洲论坛永久会址

从外观上看，会议中心就像一枚圆形的古钱币，外圆内方，象征着包容性与亲和力。会场的主色调采用黄色，给人以金碧辉煌的印象。共分三层，论坛年会主会场位于会议中心第二层，可以同时容纳2000人与会。

其会场设施设备的先进程度在海南独一无二，在全国亦是少有。会议中心配有6+1同声传译系统和360度高分辨率摄像、放像系统，中部还配备活动隔离墙，可以根据会议的需要将会场隔离成两部分。墙壁采用最优良的吸音材料，即使会议中心里空无一物，也不会有半点回音。

链接　博鳌亚洲论坛

博鳌亚洲论坛是一个总部设在中国的非官方、非营利性、定期、定址国际组织，由29个成员国共同发起，于2001年2月下旬在海南省琼海市万泉河入海口的博鳌镇正式宣布成立。博鳌亚洲论坛为政府、企业及专家学者等提供了一个共商经济、社会、环境及其他相关问题的高层对话平台，海南博鳌是论坛总部的永久所在地。

如果没有特殊情况影响的话，每年都会在博鳌举行年会，共同探讨地区经济发展及安全。

攻 略

住宿 驴友力荐的住宿地

博鳌有从一星级到五星级不同档次的宾馆，比如曾接待过亚洲论坛年会各国领导人的金海岸温泉大酒店，这家酒店的硬件和软件都很到位。

博鳌金海岸大酒店： 酒店拥有332间豪华客房、各式套房及风格各异的别墅群。这里会议设施齐全，还有海南岛最大的温泉游泳池及按摩池，此外博鳌乡村高尔夫球场也近在咫尺。

博鳌亚洲论坛东屿岛大酒店： 酒店坐落于博鳌镇东屿岛上，为"博鳌亚洲论坛"官方指定接待酒店之一，临近三江入海口。

博鳌亚洲论坛大酒店： 毗邻博鳌亚洲论坛会议中心。酒店建筑美轮美奂，休闲娱乐和商务会议的硬件设施十分齐全，此外还有世界顶级的锦标级高尔夫球场。

美食 饕餮一族新发现

值得一品的博鳌名菜小吃有很多，肉肥皮滑、口感独特的嘉积鸭是名副其实的"海南四大名菜"之一；清香可口的椰子盐、开胃补血的鸡屎藤粑仔、汤白椰香的琼州椰子盅等小吃，深具海南风味。此外，墩猪腿、白切鸭、温泉鹅、冬瓜盅、白粑炒、番椒桔等一道道看似简单的菜品，味道却着实出众。

嘉积鸭： 嘉积鸭是从马来西亚引进的良种鸭，它形体扁平，红冠黄蹼，羽毛黑白相间。其烹制方法多种多样，但以"白斩"（又称"白切"）最能体现原汁原味，因之最为有名。

鸡屎藤粑仔： 琼海鸡屎藤粑仔是富有地方特色的民间滋补品，也被称为鸡屎藤仔，是以鸡屎藤叶和大米为原料精制而成，具有滋阴壮阳、补气补血之功效，并且气味香醇，深受当地人喜爱。

此外，在博鳌的酒店里还可以吃到很不错的海鲜，博鳌广场上也有很多简陋的海鲜排档，博鳌镇和朝阳镇上也有很多物美价廉的饭馆。

行程推荐 智慧旅行赛导游

博鳌全线二日游路线——DAY1：博鳌亚洲论坛会址—玉带滩；DAY2：博鳌水城—官塘温泉。

万泉河

宝岛海南的象征

@chengch 躺在玉带滩上，听着南海的涛声，看着万泉河平静的河面，别有一番滋味。

@sjlsjl123 这次去海南，导游推荐去万泉河漂流。万泉河的河面很宽，不过流水不快，所用的"竹筏"是用塑料管做的。

门票和开放时间

门票：入园免费，万泉河峡谷景区漂流148元、探险198元、探险+漂流270元。

开放时间：周末9:00~17:00，平日9:00~16:30。

最佳旅游时间

万泉河风景四季各有特色，海南琼海地区7~10月份是台风高发时期，最好避开这一时段。

进入景区交通

位置：海南岛东南部，核心景区在琼海市西南方向的牛路岭水库周边。

景区班车：琼海市东风路工商银行旁边有到万泉河景区的班车，每天只有两班，分别是9:30和13:30，4人以上就能发车。

景点星级

刺激★★★★★　美丽★★★★　休闲★★★★　浪漫★★★★　人文★★★　特色★★★

一首名歌《我爱五指山，我爱万泉河》、一部名剧《红色娘子军》使琼海市万泉河风景名胜区美名远扬，成为来琼海地区后必游之地。万泉河是海南岛第三大河，犹如一条五彩缤纷的绸带一样，自五指山峰飘然而下，滚滚东流至博鳌入海口投入大海的怀抱。

万泉河是生态环境优美的热带河流。沿河两岸典型的热带雨林景观和巧夺天工的地貌，令人叹为观止。万泉河上游的河谷狭窄，水流湍急，滩险浪高，是漂流的绝好地方。在全国100多条适合漂流的河流中，万泉河是唯一可以四季漂流的河流。

万泉河示意图

① 牛路岭水库—峡谷区

牛路岭水库是海南六大水库之一，在这里不仅能领略到气势磅礴的万泉河，还能观赏到峡谷平湖的美景。周边景色迷人，气候宜人，空气清新，简直就是一座天然氧吧，是老年人休闲度假，年轻人观光探险的绝佳去处。牛路岭水库旁边就是牛路岭水电站，作为万泉河上一颗闪闪发光的明珠，牛路岭水电站的主体建筑是拦河大坝，配套设施有引水道、交通洞和升压变电站等。大坝将万泉河拦腰截断，气势雄伟。

小贴士

峡谷探险中各个项目都不接待65岁以上的老人和身高1.4米以下的儿童，游玩期间一定要注意人身安全。崖降和溪降的时候一定要认真听从专业人员讲解的动作要领，戴好头盔和防护眼镜。

在牛路岭水电站和万泉河漂流上游烟园水电站之间，有一片峡谷区，全长约6千米，两岸热带雨林中掩映着一个个支流和峡谷，依次有神秘洞、黑龙潭、情人谷、叠泉、一线天和小洞天。景点个个清幽，奇险兼备，瀑布清潭，美不胜收。游人可顺山攀岩，穿越热带雨林，体验探险的感觉。

攻略

峡谷探险是万泉河景区开展的拓展训练项目，主要有溪降、逆水划船（20~30分钟）、徒步穿越热带雨林（20~30分钟）、崖降（20分钟）、大峡谷溯溪（40~50分钟）、高台跳水、高山瀑降（30~50分钟）等。

溪降：在落差较高的瀑布溪流中进行，参加者借助保护器、保护绳、头盔、护目镜，使用下降器从瀑布溪流顶端顺流而下，可领略悬崖速降的惊险和刺激。

崖降：在专人的指导与保护下，利用绳索由岩壁顶端下降，感受一步一步走向悬崖、走向生命的"边缘"的一刹那，从而感受高空坠落前的惊险瞬间。

溯溪：顾名思义就是逆流而上，参加者应不断克服一个接一个的急流、瀑布、跌水和旋涡，激流勇进、逆水前行。

峡谷探秘：乘橡皮艇前往回音壁、神秘洞、大小龙潭、情人谷、叠泉、一线无名谷、牛路天门等景观进行探秘。

2 漂流区

过了峡谷区就是烟园水电站，这是二十世纪六十年代建造的一个水电站，烟园水电站也是漂流区的起点。万泉河峡谷漂流被称为"中国热带第一漂""中国文化之漂""中国生态之漂"等。

万泉河漂流区长约 15 千米，时间约 3 小时。漂流区河水清澈，沿途经过九道险滩，乘坐橡皮艇顺流而下，在上段将会感受到惊险和刺激，到了下段，可打水仗、观峡谷、赏雨林、畅游万泉河。

攻略

漂流时间是2~4小时，漂流用船是橡胶艇，每条船可以乘坐12人。船上配有船工兼导游一名，来保证大家的安全和沿途讲解岸边的风光。到了晚上，夜漂的时候不要在船上打闹，听从船工的安排。贵重物品不要带在身上，漂流的过程中水会打湿身上的衣服。

3 沙洲岛—乐城岛

沙洲岛在漂流区下游不远处，位于万泉河河面最为宽阔的地方，是由万泉河河沙冲积而成的小岛，整个岛面积约 20 万平方米，如一弯亮月落在河上。岛上有一碧水湖，湖与河水明隔暗连，构成"河中岛，岛中湖"的奇妙佳景。湖畔四季花开，绿草如茵。

从沙洲岛继续往下游走，会遇到一座大桥，它就是乐城大桥，过了乐城大桥就是乐城岛。乐城岛是 700 年前的乐会县城，全岛面积仅 2 平方千米，12 个自然村，1200 多人。不同寻常的历史背景和独特的自然风貌，让这个沉寂的小岛成了猎奇访古的好去处。

岛上有一条几百年历史的古道，道路两旁是青砖青瓦的骑楼，墙上小窗的木雕充满了浓郁的南洋建筑风格。

攻略

从中游加积镇的椰子寨顺水漂流至官塘温泉旅游度假区，全程约4千米，时间大约是50分钟。漂行在水波涟漪的河面上，可欣赏两岸的田园风光。在度假村，还能亲自体会踏水车、摘水果的快乐。

假如白天你没有尽兴，那么在夜晚还可以参加当地举行的篝火晚会、卡拉OK、与苗家阿哥阿妹跳苗家竹竿舞、牌类游戏等诸多活动。

兴隆温泉度假区

观光养生好去处

微印象

@山葵小屋 这次去海南，最喜欢的就是这里，度假区里面环境好，空气清新，鸟语花香，在里面整个人都觉得很舒服，很美好。

门票和开放时间

门票：住带有温泉的酒店一般都免费附送泡温泉的票，单泡温泉一般为58~128元。
兴隆热带植物园门票旺季（10月至次年4月）50元，淡季42元；电瓶车20元。
开放时间：兴隆热带植物园8:30~17:00；东南亚风情村8:00~18:00。

最佳旅游时间

5~6月及8~10月为雨季，室外温泉泡不了，1月室外太冷，其他时间皆宜。3~4月为春季，热带植物园和热带花园刚好开花，为赏花的最佳时节。

进入景区交通

位置：万宁东郊兴隆华侨农场内。
交通：乘万宁旅游3号线，在兴隆植物园站下车可到热带植物园，在印尼村站下车可到东南亚风情村，在石梅半岛站下车可到兴隆热带花园。

景点星级

浪漫★★★★　　特色★★★★　　休闲★★★　　人文★★★　　美丽★★★　　刺激★★

兴隆地处热带与亚热带的交界处，气候适宜，群山环抱，植物葱茏，环境幽美，景色宜人，一年四季都是春，热带植物园和热带花园对此进行了详细的展示。当地地热资源丰富，温泉共有十几个泉眼，是休息养生的好去处，温泉度假区是最好的佐证。同时当地还有热带动物园。

兴隆也是海南华侨聚集的地方。这里有20多个国家的华侨，带来了浓厚的侨乡建筑、美食、文化。

① 兴隆温泉度假区

兴隆当地有泉眼十几处，泉眼不时冒出串串的水珠子，犹如沸腾的玉珠。水温常年保持60℃左右。温泉水中可溶性二氧化硅和氟含量较高，称为"氟硅水"，具有较高的医疗价值和保健价值。当地沸腾的水汽带有淡淡的清香，号称"世界少有，海南无双"，沐浴其中犹如人间仙境。

当地还有鱼温泉，这种泉主要的特色是里面有很多小鱼，人进去以后小鱼会游过来咬死皮，把死皮化掉。此外这里还有花草池，是在池子内放入康乃馨、玫瑰、瓜果等，闻着那种香气可以放松自己，泡完之后全身轻松，而且身上香香的，闻起来很舒服。

兴隆的酒店主要围绕着温泉而建，温泉周围的酒店几乎都将温泉引入酒店内，在酒店下了楼就能享受到温泉，甚至有的酒店的洗澡水就是温泉引入。

点赞 👍 @烧烤大王 我全身浸泡在温泉里，一阵阵暖流注入体内，双脚并排着漂在水中，俏皮得像游泳运动员，互打着两脚板，两手张开打着水花，水池里荡漾着一层层的涟漪，我却静静地享受着，静静地听着这水的欢歌，说不出的放松和舒服。

---

② 兴隆热带植物园

热带植物园在度假村东南约2.5千米处，走进植物园，便如同打开一本关于热带植物的百科全书，大自然的种种奇妙在这里五彩纷呈。

从园区北边往南边走，分布有立体养殖区，可以看到湖边的树和池中的鱼相辅相成地生活。中部为植物观赏区，可以观赏到荔枝、鸡蛋花和有着"沙漠甘泉"之称的旅人蕉、米仔兰等名目繁多的热带观赏花木。南部是试验示范区和可垂钓的生态湖。

通过游览植物园，能了解到众多热带植物知识。在植物园的出口处能买到用热带植物做的全天然化妆品。

链接　植物园内的热带植物

香辛料作物：香草兰、胡椒、土沉香、依兰香、紫苏、假鹰爪、香茅、罗勒、香根玉唇花、白兰、黄兰、丁香。
饮料作物：咖啡、可可、大叶冬青、糯米香、可拉、瓜拉那、肾茶。
珍稀植物：神秘果、瓟瓜、见血封喉（箭毒树）、黑桫椤、苏铁、绞杀植物、绿玉树、猪笼草、楠木、陆均松、蝴蝶树、长柄银叶树。
花卉：炮仗花、龙船花、黄花鸡蛋花、瓷玫瑰、王莲、蝴蝶兰、美花石斛、春石斛、巧克力文心兰、凤凰木、红花黄蝉等。

③ 东南亚风情村

　　东南亚风情村位于兴生路东端，大门是典型的泰国风格。走进东南亚风情村，可以领略东南亚各国的文化、礼仪、饮食文化和具有浓郁民族风情的歌舞。

　　在这里还能看到造型精巧、风格别致的各式东南亚建筑；身着东南亚服装的新、老艺人表演丰富多彩的东南亚歌舞；在充满惊险和刺激的蛇艺山庄和蛇王馆里，展示奇特的蛇文化和精彩的蛇艺表演；可以去寻一位印度尼西亚或者泰国的佳丽做"新娘"，领略一番东南亚的婚礼风情；也可以坐下来品尝一杯椰奶咖啡，游览一下掩映在红椰林中那无华的村舍，体悟一下流溢在村民间那质朴的民俗民风。

点赞　👍 @全天休息 兴隆东南亚风情村里的旅游纪念品是整个海南最便宜的，说出来都让人觉得不可信，但确实如此。知道这里东西便宜的人不是很多。

康乐园大酒店　太阳岛度假酒店　① 兴隆温泉度假区　康乐园太阳河高尔夫　康乐园温泉高尔夫　惠康假日酒店　明月假日酒店　清泉大酒店　金银岛大酒店　乐金宝大酒店　亚洲风情园　银湖假日酒店　② 兴隆热带植物园　碑头水库　东南亚风情村 ③　④ 兴隆热带花园　南旺水库　高速出入口　南燕湾高尔夫　石梅湾潜水　加井岛　至万宁　至万宁　至三亚　至三亚　牛岭观景台　日月湾

兴隆温泉度假区示意图

140

❹ 兴隆热带花园

兴隆热带花园在度假区往南约 1.8 千米处。山谷的幽深、森林的野趣、石头的奇特、溪涧的秀美，奇花异树，构成兴隆热带花园富有哲理的大自然地貌景观，形成了独具魅力的自然风光。园内还拥有繁茂的热带雨林植被、幽深的热带雨林沟谷、数千种热带珍稀植物和数不尽的奇花异草。

花园重点选种棕榈科、苏铁科、热带兰花等物种。园内已开辟热带植物园、农业观光区和花果品尝区、热带花木科研基地。园区内还设有休息接待品尝处，可以在园区的休息处品尝热带水果。

点赞 👍 @绝世妃 兴隆热带花园，一个神秘而令人陶醉的地方，这里有千奇百怪、五花八门的热带花卉，可让人大开眼界。

攻 略

住宿 驴友力荐的住宿地

兴隆的宾馆以度假村为主，设施齐备，各大宾馆都有温泉引入，有的是露天水池，有的是房间引入，供客人使用，是休闲度假的好去处。

温泉酒店住宿推荐：华美达温泉度假酒店（惠康大道维多利亚别墅区B4栋）、万宁隐沫度假酒店（兴隆华侨旅游区明珠大道3号）、中奥温泉度假酒店（石梅湾区兴梅大道东侧28号）。

美食 饕餮一族新发现

在兴隆，东南亚风味饮食独具特色。兴隆咖啡闻名遐迩，美名享誉海内外，它浓香醇和，沁人心脾，饮一口便感觉醇香可口。此外，兴隆的东南亚菜肴和糕点品种丰富，咖喱鸡、巴东牛肉、情人糕、椰香饼等东南亚食品琳琅满目，让人目不暇接，使人食欲大增，回味无穷。海南当地美食有清蒸后安鲻鱼、白汁东山羊、盐琵琶虾等。

在酒店餐厅里能吃到东南亚美食。在金叶桃源温泉度假村门口有大排档，能吃到各种小吃、烧烤。

分界洲岛

浮在南海上的美丽孤岛

微印象

@1863300 到了那个地方感觉像是到了人间天堂，很美，很舒服。蓝天、大海，特别是分界的那段海域特别独特，让人不得不赞叹这里的天然美景。

@weiyichong 分界洲岛景色很不错，岛上有一座山，在那里能看一下海景，岛上的空气很清新。

门票和开放时间

门票：旺季132元，淡季127元，价格含往返船票，不含岛上交通和娱乐项目费用。

开放时间：8:30～22:30。上岛发船时间8:30～20:00（建议16点前上岛）。

最佳旅游时间

11月至次年3月是最佳的旅游时间，1~3月岛上气候适宜，漫山遍野鲜花烂漫，这里还是避寒的胜地。

进入景区交通

位置：海南环岛东线高速公路牛岭出口处。

公交：在三亚市区或陵水高铁站乘坐城际3号线公交可到景区码头。

景点星级

刺激★★★★★　　美丽★★★★　　浪漫★★★★　　休闲★★★　　特色★★　　人文★★

链接　**分界洲岛名字的含义**

分界洲岛是海南岛重要的分水岭，该岛是牛岭的一部分，牛岭南北气候大异，自古就有"牛头下雨牛尾晴"的现象。现如今分界洲岛还是万宁市与陵水县行政区域的分界岭。

分界洲岛是一座浮在南海上的遗世孤岛，自古无人居住，远离尘世喧嚣。这里海蓝、沙白、石奇、木秀、山峥、草嵘、花艳、峰俊、岩俏，雄奇与秀美相得益彰，被称为"心灵的分界岛""坠落红尘的天堂""一个可以发呆的地方"。

分界洲岛因远远看去像一个侧卧的睡美人，又被称为"美人岛"，小岛以东北向西南长条状横躺在海面上。岛的西南侧是寿龟湾—福龟湾；东南侧是大洞天。

在码头乘游艇上岛，一路惊涛拍岸，海风席卷，大有吞没游艇之势，好在有惊无险。下船后便是寿龟湾，寿龟湾和福龟湾是两个铺满细沙相连着的海滩，现在的寿龟湾是人们喜爱的海滨浴场，漫步在两湾柔软的沙滩上，欣赏着这南海独有的蓝天、白云、碧水，还有在空中快乐飞翔的海鸥和拉着汽笛在海面上行驶的轮船，不觉中身心已与这天这海这山融为一体，心在天上飞翔，身在海里游畅。

在分界洲岛有潜水、海上拖伞、海上摩托艇、海上快艇和香蕉船等海上项目；还有海水浴、沙滩足浴、沙滩音乐吧、沙滩水果和热舞秀等沙滩休闲项目。

攻略

分界洲岛海水清澈干净，能见度高，海里有海豚、鲸鲨、海狮等海洋动物，有各种千奇百怪、色彩斑斓的海洋植物，还有漆黑的洞穴、飞机和沉船的残骸和遗迹。在这里既能够观赏海底景色，又能够进行水下探险。在分界洲岛有海底观光潜艇、鲸鲨潜水、海豚潜水、远海潜水、堡礁潜水、单人潜艇、珊瑚观光艇等海底项目。

大洞天紧连着福龟湾。大洞天的石头相叠成屋，周围繁花似锦，千年古榕盘根错节，抬头往上看，只觉得天空开了个小口。据老渔民们讲，在很早以前这里就是他们的避风港。

攻略

岛上有以海洋科普为主题的珊瑚馆，馆内展示了南海海底的珍稀海洋生物标本、"海上丝绸之路"古代商船及遗留在海底的景德镇古瓷器、陶罐等，还有海底打捞到的古代火炮、古铁锚等。海洋剧场每天有多场演出。

过了大洞天就到了钱途无量，这是一条地面上刻着世界各地的、从古到今的不同的钱币的路，一边走一边数十分有趣。路是由花岗石铺成的，走在上面感觉自己钱途无限，步步高升。

沿钱途拾级而上，两侧峭壁万仞，石群形神兼备，如玉笋、如屏障、如铁塔、如城堡、如骏马，或掩映在花树之间，或居于海浪濯洗之处，令人不舍错过。沿途一些天然石峰被冠以"风动石""大洞天"和"菩萨洞"等美名，而峰顶"乌纱帽"是由几块石头叠合在一起形似唐朝官帽而得名。

沿着石条铺就的山径漫步上山。石路两旁随处可见石峰林立，峭壁万仞，奇树簇拥。登顶极目远望，可看到的大海如同孔雀羽毛般绚烂，更像是孩子画笔里的颜色，丰富到让人无法找到相同的颜色。椰风轻轻吹拂，海浪阵阵拍打，偶然间海面上一抹艳丽的拖伞滑过，霎时间使人仿佛进入了梦境，那样旖旎多姿的梦境。万里青云列，天海醉蒙蒙，海天一色，万顷茫茫碧水。

有趣的是，不管天气有多热，山顶却非常凉爽，向山下看去，只见蓝天白云，海更蓝更清，清可见底，加上白白的沙滩和点缀其中的椰子树，构成了一幅清新怡人的海天风景画。

沿路下山，岸边悬崖峭壁，浪花如雪，阵阵海风，惬意无比。岛上有数十栋海景木屋，所有房间都可以看到蔚蓝的南海。在岛上可以进行海钓，还能举办海岛婚礼。

点赞 👍 @七七八八 在海边烧烤是一大乐趣，从海中钓上新鲜的海味，生好炭火，可以享受自己动手的乐趣。吃着自己烤出来的美味食品，尽情地享受着海风的轻抚，那种感觉惬意极了！

攻略　垂钓

在分界洲钓鱼分海上平台钓鱼和包船垂钓。包船垂钓有环岛拖钓和顶光夜钓等多种方式，但价格相对比较贵，一般5人船3小时价格都在1000多元。

分界洲岛示意图

鱼礁潜水
半潜艇
游客中心　商店
候船厅
码头　寿
潜水码头　龟
精品潜水　椰林休闲区　分界碑
海底漫步　观海亭（天然氧吧）
餐厅　湾　山顶主题公园
鬼斧　官帽
快艇　福龟湾
水上摩托艇　神龟出世　露营区　大洞天　弥勒观海
海上拖曳伞　沙滩露营　峭壁潜水
钱途无量　风动禄来　沉船潜水
洞穴潜水

至海口
加油站
牛岭　办公室
　码头
游客中心
停车场　售票处
牛岭隧道　停车场
　出口
　入口
东线高速公路
至三亚
山顶度假别墅

攻略

住宿 驴友力荐的住宿地

　　景区内住宿分两种方式：一是住景区自己的酒店（位于码头旁），但房价比较贵，而且房间少，周末、节假日期间客房较紧张，需提前订房；二是自己搭帐篷，景区不提供帐篷出租，需要自己带，晚上也没有专门的照明设施，要注意安全。在景区内搭帐篷是要收场地费的。

美食 饕餮一族新发现

　　岛上面向普通游客吃饭的地方有两处，都在码头旁。一是可以看海景的高档酒楼，在这里可以品尝到海南特色佳肴及海鲜，价格实惠；另外一处是分界洲岛商业街，这里是一个可以边看海听涛吹海风边享受各种海南热带水果、亚热带水果、各种水果拼盘、鲜榨果汁的地方。

　　半山顶悬崖边的海景咖啡厅、横跨"决断谷"的海景西餐厅、海滩边的海南味道酒楼、岩石海岸上的传统刺身料理，令游客在游览风光之后，舌尖也得到一次美好的享受。

特别提示

　　❶ 防晒护肤品一定要涂抹上，漂流的过程中很晒，最好还要戴上太阳镜、帽子。

　　❷ 手机、手表、照相机等电子产品最好用密封袋装好，以免弄湿受潮。

　❸ 由于气候的原因，早晚温差较大，过夜需准备充足的衣服。

　❹ 从码头至岛上的海域处于海风口，浪较大，在乘坐快艇的时候一定要注意安全。可随身备塑料袋，以免晕船呕吐。

南湾猴岛

神秘的猕猴乐园

微印象

@双冠王 南湾猴岛一行使我们放松了许多，猴岛景区内各种植物搭配错落有致、独具匠心，仿佛置身于绿的世界、花的海洋，顽皮、可爱的猴儿们在绿荫下旁若无人地嬉戏。

@四季花 建议坐一次跨海缆车进去或出来，坐在缆车中俯瞰大海及海上渔排的景色还是很壮观的，缆车设有玻璃窗，让人心旷神怡。

门票和开放时间

门票：旺季154元，淡季147元，含往返轮渡或缆车。

开放时间：8:00~17:20。

进入景区交通

位置：陵水县新村镇。

交通：在陵水高铁站乘坐80路公交可到景区。在三亚市区乘城际2号线也可到景区码头。

景点星级

美丽★★★★　　浪漫★★★★　　特色★★★　　刺激★★★　　休闲★★★　　人文★★

南湾猴岛三面环海，总面积约10平方千米，大小12个山头连绵起伏。山上大小岩洞无数，奇岩怪石嶙峋。南湾猴岛上的动植物种类繁多，森林覆盖率达95%，生态资源极为丰富。这里四季花果飘香，风景秀丽，气候宜人，是世界上唯一的热带岛屿猕猴自然保护区。岛上除了生活着2000多只活泼可爱的猕猴外，还生活着独具特色的疍家渔民。

南湾猴岛示意图

3 疍家风情区
海鹰村
石头村
🏨 海南天朗度假酒店
2 浪漫天缘
石头岭
南湾村
猕猴乐园 **1**
南湾岭
山牛岭
椰子塘
尖峰岭
白排
尖岭
虎岭

🧑‍🧒 亲子研学

猕猴

猕猴是国家二级保护动物，个体稍小，颜面瘦削，为半树栖生活，多栖息在石山峭壁、溪旁沟谷和江河岸边的密林中或疏林岩山上，群居。

我们熟知的美猴王孙悟空，其形象便来源于猕猴；相传十二生肖中猴的形象也来源于它。

1 猕猴乐园

乘船或索道进入景区之后，猴子仪仗队看到客人到来就举旗欢迎，十分有趣。到达景区后穿过绿色植被走廊，可见可爱的猴子们在绿荫下、树枝间扑腾纵跃、追逐打斗，旁若无人地嬉戏，可以在景区工作人员的指导下与它们开心地玩耍，尽情融入人猴同乐的氛围中去。

攻略

在猴岛景区的露天舞台上还能看见猕猴精彩的小品表演和杂技表演，其中杂技表演最有意思，猴子们训练有素，整个节目精彩纷呈、趣味十足。

再往里走，到了猕猴的康体中心，在明媚的阳光下，猕猴在流泉飞瀑旁嬉戏，或上蹿下跳，或互扮鬼脸，或攀藤梯，或跃空扑向水面。这里还有猴子拘留所，那些调皮捣蛋、骚扰游客的猴子会被关进去受教育。

在猴岛景区能看到一尊猴子的雕像，老猴头盖隆起，唇突起，右手擎一人类头盖骨，左手托着下巴，坐在一册厚厚的书上，呈深思状。雕像被称作"思想者"，又叫"智慧猴"。

② 浪漫天缘

浪漫天缘位于南湾猴岛南端，这里处处透露着自然的原生气息，有清澈的海水、漂亮的礁石、细软的沙滩、幽静的山林。和爱人、亲人、朋友在此间观光嬉水，可以体味美妙人生的浪漫情调。

整个海滩山丘为火山熔岩层地形，岩石色彩丰富，自然景观独特，在海边形成坚硬的烂石不烂景观。这里有奇形怪状的高大巨石，有的像大象坐着聆听大海的倾诉，有的像大海龟在守望着爱人的归来，有的像猴子默默地守候着这片纯净的大海。

攻略

在浪漫天缘可乘坐观光电瓶车欣赏美丽的海岸线风景，在不远处的白排礁岛垂钓，还可以驾驶摩托艇体会在海上风驰电掣的快感，也能几人组队，玩一把妙趣横生的香蕉船，划一小艇等。同时，海底潜水、住一下海上休闲屋、泡一泡温泉也是很享受的。

点赞 👍 @新新小情侣 南湾猴岛浪漫天缘"海之舞"表演队的表演真是太精彩了，他们的表演不仅仅融会了艺术灵思顶尖绝技，而且还呈现了激情水舞的视觉盛宴。

③ 疍家风情区

疍家风情区坐落于从海南本岛到猴岛的河面上。这是当地渔民疍家的生活场所。疍家人常年住在渔船上，渔船在港湾停靠时，渔民们会将渔船连接起来组成疍家渔排。每当夜幕降临，可以看到新村港静静的海面上浮起一串串的红色，与明月洒下的银辉在海面上相互交映，水面波光粼粼、错落有致，幽美而恬静，真是"万树千花追碧月，渔排人家一片红"。

在疍家风情区可乘坐观光艇，从林立的渔排中穿过，感受壮观的疍家海上村庄，近距离了解周边渔民的生活起居。

👪 亲子研学
疍家

疍家是我国沿海水上居民的一个统称。他们祖祖辈辈浮家泛宅，与水为伴，长期与风浪搏斗，被称为中国古代最伟大的航海家。

攻略

景区交通 游遍景区不犯愁

凌空彩练索道：索道全长约2138米，到达景区仅需要7分钟。乘坐索道在海面上越空滑行，可欣赏美丽的猴岛风景。

住宿 驴友力荐的住宿地

景区内有一家景区内部运营的酒店，酒店在周末、节假日期间较紧张，需提前订房，且房价在不同时段会有一定的浮动。

景区内的陵水天朗度假酒店是完全依照疍家文化来设计、建造的酒店，在酒店内住一晚上就像在疍家渔船上过夜一样。

美食 饕餮一族新发现

岛上吃饭分为两个地点：一处是陵水天朗度假酒店的自助餐厅，另一处是疍家渔排餐厅。

陵水天朗度假酒店的自助餐厅为游人提供自助餐，主要有椒盐虾、豉汁蒸海鱼、椒盐碎皮鸡等当地美食。

疍家渔排餐厅（疍家风情区内）主要以原生态的海鲜为主，大都是疍家渔民现打捞上来的，完全是疍家海鲜的做法，蒸或煮，主要有疍家米糕、油盐焗鲗鱼、疍家鱼粥等。

行程推荐 智慧旅行赛导游

上午游览猴岛，中午在天朗度假酒店自助餐厅用餐。稍作休息后15:00前往浪漫天缘景区，在海边走一走、看水之舞演出、玩下海上娱乐设备。晚上去疍家风情区吃晚饭，坐船游览疍家风情区。

特别提示

❶ 上岛不要穿红色与鲜艳的衣服，否则可能会遭母猴子攻击，撕你的衣服。

❷ 给猴子喂食要一次把手中的东西都喂完，如果留一点在手中，猴子会以为你在挑逗它们，便会一拥而上抢夺。

❸ 手上不要拎塑料袋之类的东西，否则猴子以为是食物，便会上来抢食。

❹ 眼睛不能和猴子长时间对视，否则，它们会认为你在挑逗它们。

❺ 南湾猴岛的猴子被驯化得很聪明，所以不要在它们面前打开包，比如相机包、手提包等，它们会认为你要拿食物给它们吃，因此会跳上前来抢你的东西。

东山岭
海南第一山

微印象

@iJasper 去了一次感觉还不尽兴，意犹未尽的感觉。东山岭的名气大于实际看到的，去"海南第一山"主要看一些花岗岩地貌，还有一些摩崖。如果有体力，不坐缆车，徒步上山也是不错的选择。

@平淡 东山峻岭，林茂水清；潮起海边，音生天外；钟灵毓秀，人杰地灵；骚客群聚，书法星罗；贯百家长，现万代功。东山再起处，心灵平静地。

门票和开放时间

门票：旺季44元，淡季37元。上山观光车单程20元。
开放时间：7:30~17:00。

最佳旅游时间

四季皆宜。

进入景区交通

位置：万宁市万城镇东山岭。
公交：在万宁火车站乘万宁2路或万宁旅游3路公交在东山岭站下车可到。

景点星级

美丽★★★★　休闲★★★★　浪漫★★★★　刺激★★★　特色★★★　人文★★★

东山岭，历史上叫笔架山，素有"海南第一山""海外桃源"之美名，还曾与天涯海角、鹿回头、五公祠等齐名。东山岭风景区历史悠久，是海南开发较早的旅游景点之一，占地面积约 10 平方千米，拥有 3 座山峰，100 多处大小石景，尤以"东山八景"驰名中外。风景区内自然风光极其秀丽，人文景观极其奇特，林木苍翠，芳草茵茵，山泉涓涓，石石苍劲，洞洞莫测，非常适合旅游观光、休闲度假、户外运动等。

"东山八景"为七峡巢云、正笏凌霄、仙舟系缆、蓬莱香窟、瑶台望海、冠盖飞霞、海眼流丹、碧水环龙。

"七峡巢云"是一处蜿蜒逶迤的峡谷，所谓"几处葱茏迷谷口，一泓清澈泻林湾"。

"正笏凌霄"是一块像玉笏的巨石，传说是仙人丢下的玉笏，所谓"削玉俨然铁面刀，风吹雨打不弯腰"。

"仙舟系缆"是一个巨大的船形岩石，相传为海龙王系舟之处。

"蓬莱香窟"是一个由洞石组成的大窟窿，里面有"海南第一泉"，相传这里的泉水能治病健身。

"瑶台望海"是一块形似瑶台的巨石，上面建有一座望海亭，传说为海龙王望海兴叹之处。

"冠盖飞霞"是两块巨石叠成的儒巾状景观，所谓"巧制冠巾分外妍，明霞缭绕在山巅"。

"海眼流丹"是一处天然泉眼，涓涓细流终年不竭，传说水源来自南海龙宫，所谓"一隙疑从碧海通，涓涓点滴渺无穷"。

"碧水环龙"是指站在瑶台景区向下俯视时，东山河就像一条龙环绕在周围，景象十分绮丽。

亲子研学

"东山再起"的传说

有一个成语叫"东山再起"，在古代一般指某人或某股势力失势之后重新得势，出山为官之意。其中有一个典故便跟海南有关。

相传南宋初年，名将李纲遭奸人陷害后，被贬谪到了海南万宁。谪居万宁的李纲情绪低落，心灰意冷，有一天他来到了东山岭潮音寺打算剃度出家。不料，庙里的大师婉拒了他的请求，并送了他一句"东山再起"的箴言。没想到三天后，李纲就被召回复职了。

攻　略

美食　饕餮一族新发现

东山羊：东山羊为海南四大名产美食（东山羊、文昌鸡、嘉积鸭、和乐蟹）之一，其肉肥而不膻、汤白似乳。

东山茶：它生长于高山石缝之间，质量上乘，饮用时甘香透心，芳香四溢。

东山烙饼：其皮薄层多、外酥内软、咸淡适口、香味奇特，有人誉之为"海南第一饼"。

娱乐　城市魅力深体验

景区可以游览的景点有：一线天、七峡巢云、仙舟系缆、三十六洞、华封岩洞、潮音寺、蓬莱香窟等。可坐缆车上山顶，再由山顶步行下山。

第 4 章

海南中线

海南深度游
Follow Me
搜旅行的伴导教
★ ★ ★

吊罗山

零距离的天然氧吧

微印象

@梧桐雨 吊罗山风景精美绝伦，尤其是枫果山瀑布群尤为壮观，是释放身心、回归自然的最佳去处。

@夜雨 小妹湖风景恰似柔美的女子，让人陶醉。

门票和开放时间

门票：55元。开放时间：8:00～18:00。

最佳旅游时间

吊罗山最佳旅游季节为每年11月至次年3月。这期间鲜花盛开，彩蝶飞舞，风光迷人。5月至10月是雨季，但也常有晴天，登山需注意安全。

进入景区交通

位置：陵水县境内北部，正门在吊罗山乡南喜村。

交通：在陵水县城乘陵水旅游3路公交可到。

景点星级

美丽★★★★　　刺激★★★★　　浪漫★★★★　　特色★★★　　休闲★★★　　人文★★

提起海南岛，人们首先会想到那清澈的海水、金色的沙滩、高大的椰树，而在海岛的东南端有个风景如画、四季如春的森林公园，这便是吊罗山国家森林公园。

吊罗山国家森林公园是我国珍稀的原始热带雨林区之一，是海南热带雨林国家公园的组成部分，公园内拥有热带雨林六大植物奇观和高质量的生态环境；有湖光山色、峰峦叠嶂、飞瀑溪潭、巨树古木、奇花异草、岩洞怪石等众多集原生性、科考性、多样性、趣味性为一体的高品位的森林景观资源，是一个冬暖夏凉、四时花开的观光、休闲、度假、旅游的胜地，也是人们理想的修身养性、康体保健的"天然氧吧"和"自然康复中心"。

解说

被誉为"空气维生素"的负氧离子有利于人的身心健康，吊罗山景区空气中负氧离子含量最高达每立方厘米12.5万个，是夏季避暑的最佳胜地，也是一座理想的"天然空调区"。

图：吊罗山示意图（后山、吊罗山沟谷雨林、大里、托南日瀑布、姐妹瀑布、枫果山瀑布、石睛瀑布、白水桥、观景台、小溪、热带雨林穿越线路、小妹湖、林业局、至保亭、陵保公路、本号镇、至三亚、至海口）

小贴士

吊罗山区年均降雨量在2400毫米左右，长年气候凉爽，年平均气温仅20℃，盘旋上山，天气忽阴忽晴，说变就变。这是原始热带雨林独有的气象，一日之中便可体会一年四季不同的变化。上山之前记得随身携带雨伞或雨衣，同时自驾游的朋友应注意雨天路滑。

到达林业局驻地南喜村后，可分两条游线，一是吊罗山观景台至枫果山瀑布，另一条是小妹湖至托南日瀑布再到大里瀑布。

观景台位于吊罗山脉最南端，来到此处，可眺望新村港大海、猴岛，整个陵水平原的大小山峰也都历历在目。俯瞰脚下，将给你"会当凌绝顶，一览众山小"的感受，可体验一种旷远之美。天气晴朗时，还可远眺吊罗山主峰。

沿着观景台向右走，就是石睛瀑布。此处离观景台约5.5千米。石睛瀑布高约30米，是多叠瀑布，雨季幅宽可达4.5米，由两个崖隙喷涌而出，如蛟龙吐水，瀑布穿过乱石急泻而下，在幽静的山谷中引起轰鸣和喧哗之声。石睛瀑布四周峰峦叠翠，环境幽美，使人有如入画之感。

小贴士

雨天或瀑布等潮湿地山蚂蟥较多，带一块碱性比较大的肥皂，涂抹在鞋子和袜子上，以防山蚂蟥袭击腿脚。山蚂蟥一般躲在地面上的草叶和腐枝下，但如果没有下雨，或者在公路上行走时，山蚂蟥一般是见不到的，不必担心。

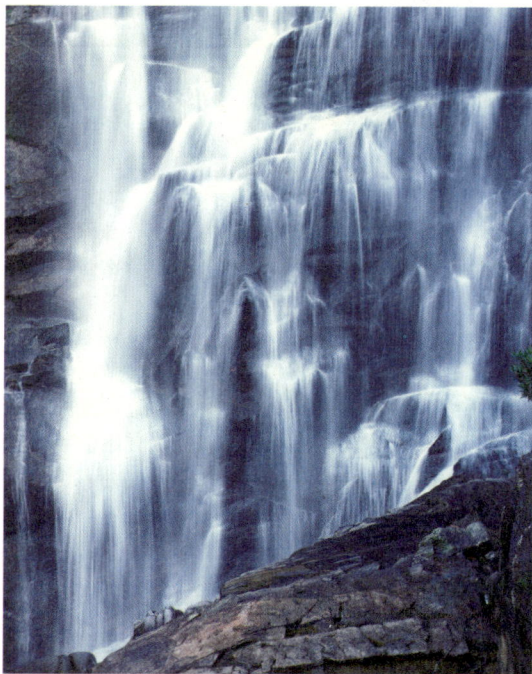

在观景台的左侧一路，是吊罗山国家森林公园园区内充满珍奇野趣的地方，可观赏原始热带雨林中藤萝攀附、巨树古木、空中花篮、苔藓密被、珍稀树种及连理树、树抱石等特有的景观。

解说

后山动植物资源极为丰富，是名副其实的"植物宝库"，有1900余种维管束植物，250多种兰花，其中属国家一级保护的有海南粗榧、子京、坡垒、有号称植物活化石与恐龙同时代的桫椤及大量的昆虫，仅蝴蝶就有近400种。

后山还是盛产中药材的宝库，如益智、沉香、粗榧、巴戟、灵芝、金银花、鸡血藤等。

枫果山瀑布群全长约1.5千米，号称"海南第一瀑布"，瀑布落差达200米，分15节。枫果山瀑布群其状如水布，声似洪钟，震撼沟谷，场面之壮观，气势之恢宏，令人大开眼界。四周是茂密的原始森林，林间溪流汇成涌泉浩浩荡荡地从断崖上跌宕而下。这里目前交通不便，是探险游的好去处。此外这里还有姐妹潭瀑布、仙女潭瀑布、小妹潭瀑布等，皆可令人流连忘返。

风景秀丽的小妹湖是景区的另一条游览线路，湖水碧绿幽深，微风吹过波光涟涟。四周青山环抱，如碧绿环中一玉盘，湖中数座翠峰点缀，烟波浩渺。

小贴士

爱好摄影的朋友，可以在枫果山瀑布群拍摄瀑布飞泻的镜头，尤其是在雨中拍摄，情景绝佳。

故事　吊罗山的爱情传说

相传很久以前，吊罗山十年九旱，百姓辛劳一年却收获无几。这一年又逢大旱，眼看庄稼都要枯死了，有一勇敢、正直的苗族男子南喜，晚上做了一个梦，梦到一位老人对他说：要解此难须速派人去三角山（吊罗山主峰），脚踩刀梯请娘娘宽恕，赋予能降雨的神锣。醒后，南喜告别乡亲踏上征途，他攀登刀梯，感动了王母娘娘，派七仙女中最小的小妹下凡送锣。小妹与南喜一起敲响神锣，顷刻大雨如注。小妹因爱南喜人品，决定不再重返天国。两人喜结良缘，他们把神锣挂在凤凰树上，从此该地区风调雨顺。人们就把村后这一片山称作吊罗（锣）山，将小妹洗头的湖，称作小妹湖。

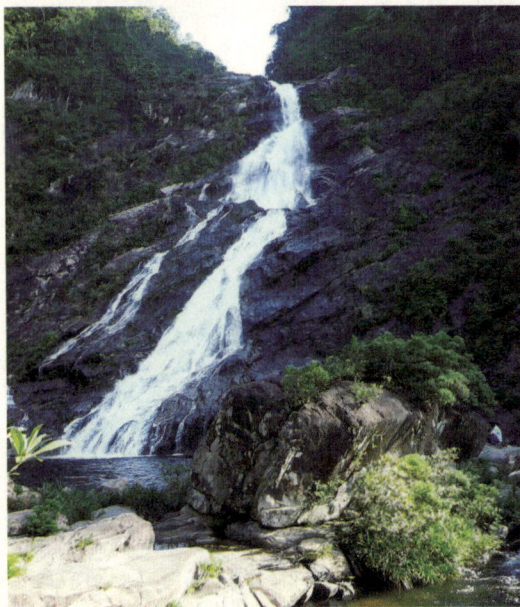

小贴士

山间看似清澈的溪水是不能直接饮用的。因为水中有很多人眼看不到的微生物，这些微生物会影响肠胃正常活动，饮用后，会有恶心、呕吐等症状，建议带些备用的药品。

在蜿蜒的盘山公路上行车半个小时，越过绿树环抱如高山云海一般的小妹湖水库，很快便到了托南日瀑布的入口处。寻声前行，70多米高的瀑布便映入眼帘，犹如一条硕大的白练，从碧空飞泻而下，悬挂于叠翠重岩之中，极为壮观。巨大的落差，在山脚形成一个墨绿的"仙水潭"，蓄积盈满后弯曲欢歌而去。潭水清幽，深不可测。四周山花漫野，鸟啼声声，与飞瀑交响，令人沉醉。

攻 略

景区交通 游遍景区不犯愁

从林业局去枫果山瀑布来回需50元，至度假村需40元，至小妹湖需10元。

要露营的话，可以沿着去度假村的路，到离路牌约6千米处的路口处露营。游览吊罗山也可以租辆摩的，费用在100元左右。

住宿 驴友力荐的住宿地

吊罗山度假村位于山上，距正门约17千米，是平房建筑，经过改造现已具有星级宾馆的招待能力，是众多山林休闲农业旅游爱好者度假的好地方。

美食 饕餮一族新发现

吊罗山农场宾馆旁有小商店，可以在上山前先在这里购买食品。吊罗山农场里还有一个小菜市场，可以买到粽子、包子之类的食物。

如想在山下用餐，可以到吊罗山宾馆的"一山"餐厅，这家餐厅比较卫生，服务也到位，还没有用餐时间限制。

山上的吊罗山度假村的餐厅，早餐一般是面点、米粥、小银鱼、榨菜等。正餐的菜色十分有特色，一般是山上的野菜，如蕨菜（也叫如意菜、拳头菜）、蒲公英（当地人叫"革命菜"）、苦妈菜、白花菜等，此外还有从山溪里抓来的河蟹、河虾、河鱼、河鳗等。不过这家餐厅需要预约用餐时间。

黎母山
人间仙境

微印象

@海莲子 黎母山风景区山接山峰连峰，满目黛色，有的山峰半腰白云缭绕，轻轻盈盈，疑为仙人所驾，浓稠处似絮，淡稀处似蝉羽，舒卷不定，真的是"闲云出岫本无心"。

@我是GOD 吊灯岭瀑布气势恢宏，似银河玉簪，堪称一绝。

门票和开放时间
门票：免费。开放时间：8:00～17:00。

最佳旅游时间
四季皆宜，每年的11月至次年的4月是黎母山的旅游佳季。

进入景区交通
位置：琼中县黎母山镇。

交通：在琼中车站有发往黎母山的班车。

景点星级
美丽★★★★　刺激★★★★　浪漫★★★★　休闲★★★★　特色★★★　人文★★★

黎母山是海南的名山。相传天上七仙女曾来此山游玩，其中桃花仙女迷恋此山美丽富饶，认为可以传播人类，便化为金南蛇产下一卵，后经雷公划破，跃出一位少女，号称黎母，从此诞生黎族人。据古代星宿与地学家认为，天上二十八宿之一的女宿对应着黎母山，故古称为"黎婺山"。

公园主要景点由黎母婆石景区、吊灯岭景区、翠园景区、天河景区、鹦哥傲景区、大河瀑布景区六大景区组成，各景区互为衬托，相映生辉，景区内石山、石景独具一格，堪称一绝。

小贴士

登黎母山一般都要从黎母山森林公园管理处开始，从公园大门到管理处约有16千米。从森林公园大门到管理处只能乘坐摩的，另外公园有免费的停车场。

点赞 👍 @妞妞A 黎母山的风景，不管远望还是近观，山峰、云雾、湖潭、峭壁与幽谷、鸟鸣和蝶飞等都呈现一种灵性的美丽。

1 黎母石

　　黎母石景区位于黎母山东南面，景区内景观以石景为主，这里以黎母石像及黎母庙为中心，融山、林、石于一体。在景区东面，主要以自然形成的形态逼真的石景为主要特色，如金龟望月、狮子戏球、武夫石等都惟妙惟肖。

　　黎母仙女石像是一高3米、宽1米、长20米的巨型石头，正前面似一仙女。顶部外层周围显深褐色；且稍为向外伸延成遮盖状，形状酷似头巾，中间脸部略为内嵌，色较白皙，轮廓清晰，眉目嘴鼻线条层次比例恰当，酷似姬脸，双眼眯缝。额首启口，神态活灵活现，栩栩如生，这尊石像完全是自然风化而成，绝无人工痕迹。石像前面自然生长五株香枫树，像供奉的五炷香。

链接　黎母石像的传说

　　相传黎母石像是黎母圣娘的化身，头冠巾帏，脸色皙白，双眼眯缝，额首启口，栩栩如生。

2 锦绣谷

小贴士

　　每年的10月至次年2月有黄嘴白鹭、天鹅等鸟群在槟榔湖栖息，届时来这里可以观赏到众多的鸟儿在湖中嬉戏。

　　锦绣谷景区位于森林公园管理处周围，来这里主要是登山览胜，游览观光，科学考察研究，度假疗养、游乐、垂钓、森林浴等。

　　锦绣谷山势峻峭，有白龙嬉涧、天女散花与银河归川三条主要的瀑布。槟榔湖是高原上的一颗明珠，碧波荡漾，周围则是三面环山；曲岭古林树种齐全，林内古木参天，溪流潺潺，是天然的热带植物园，从三星林岭发源而下的白和河与天河在公园管理处汇集构成万泉河的主源地。从公园管理处经天河上源直插主峰的探险线路上，除能感受到水文地质、森林景观的不断变化外，还颇能感受到人类挑战自然与挑战自我的一股豪情。

3 吊灯岭

　　吊灯岭景区位于白和河下游两侧，整个景区依山傍水，群峰起伏，逶迤蜿蜒，林、山、水有机地融为一体，这里地貌奇特，苍山翠峰，幽幽峡谷，悠悠长河，远远望去仿佛是一幅立体的山水画。这里你不仅能观赏山、水、林风光，还能欣赏到吊灯岭山体浑圆尖顶，山峦独秀。在山顶上有一株古榕，如冠戴圆冕，十分秀丽，好似一盏吊灯。吊灯岭周围长有一大片枫树林，每逢秋天这里便是满山红叶，十分绚丽。吊灯岭山上的瀑布高100多米，宽20多米，气势磅礴，蔚为壮观，瀑布冲出一个深潭，名叫仙女潭。潭水清冽甘甜，传说常有仙女来此戏水。

　　此外，吊灯岭景区还是考察、研究黎族建筑、工艺、饰物、歌舞等传统文化的典型地区。

小贴士

　　沿着森林管理处往南约走6千米可以到达吊灯岭瀑布，到瀑布的路几乎都是下坡路，还算好走。吊灯岭瀑布在丰水期落差有好几百米，因为游客都是站在瀑布底从下往上看的，因此即使是在枯水期，瀑布看起来也非常壮观，是摄影留念的绝佳场所。

亲子研学

黎族造酒术

黎族文化中，有一种奇特的造酒方法，就是直接在成活的树中造酒。即选一粗壮的南椰树，由于该树冠处的纤维组织较为鲜嫩，所以从树冠处挖空一孔，然后注进初成酒水，至满，封住树孔。数天后，启封，插进吸管，可得一种新的酒水，该酒水色泽浑黄，口感清香。

❹ 天河景区

黎母山的天河景区是这里的又一绝，这里最高海拔约 1412 米，区内群山连绵、主峰擎天、气势雄伟、古松凌顶、清秀挺拔；山泉潺潺有声、河水清澈、蜿蜒跌宕，忽急忽缓，别有情趣。

小贴士

在天河景区可以登山探险、览胜观光、野营。山上地形比较复杂，攀登主峰时最好还是要请个向导带路；山上多蚂蟥、野蜂，探险要注意人身安全；露宿要带上户外设备和器材，如帐篷、睡袋、防潮垫、雨衣、遮阳棚、烧烤架、烤炉、烤叉、大小汤锅、一次性餐具、各类调味品、汽灯、手电筒、应急灯、指北针、医药箱等。

黎母仙境位于黎母岭西侧山腰，苍山翠峰，滴青凝碧，高山流水，云蒸雾绕，鸟翔蝶舞，环境幽静祥和，煞似仙境，令人陶醉。黎母岭顶是公园最高峰，这里山势巍峨，林木郁郁葱葱，"琪花瑶草踞于巅，云片烟光绕其侧"，常有流云飞雾，缥缈变幻，山峰时隐时现，特别是在早晚或雨后还晴时更是气象万千，神秘莫测。

天河瀑布是黎母山必看的景点之一，位于公园主线公路中途，这里山势峻峭，林木苍茏，三条瀑布并列山前，高的落差 100 多米，流水不断从山顶泻下，清澈晶莹，潺潺有声，跌宕起伏，形态各异，景色诱人，有的如银帘飘动，龙盘蛇舞，白龙嬉涧，有的像雪飞玉溅，恍如仙女散花，有的如银河归川。

161

Follow Me 海南深度游

攻略

景区交通 游遍景区不犯愁

到吊灯岭瀑布可以开车直接到达，不过一定要开越野车或其他高底盘的车，或直接在当地包车前往。

住宿 驴友力荐的住宿地

天气好的话，可以选择露营。此外五指山地区也有不少民宿和客栈，价格都较为实惠。琼中学而山房民宿，既可住宿，也是生态研学基地；黎母山好逍遥客栈，位于黎母山森林公园内3栋。

美食 饕餮一族新发现

黎族人大多都居住在山区，他们的食物大多带有鲜明的山区特色，有名的山兰竹筒饭就是将山兰大米放在新鲜的嫩竹里烤制而成，而苗家五色饭则是用桑叶等原料将山兰米染成绿、黑、红等颜色一起煮成。此外山区还有很多美味，如鱼茶、南瓜饭之类的食物。

五指山
大自然的鬼斧神工

微印象

@海莲子 五指山风景区山似五指，风景如画，让我们领略到了大自然的神奇。

@底斯拉夫斯基 水满河水清又清，原始森林许多情。蝴蝶谷里百花红，宾至如归受欢迎。

门票和开放时间

门票：五指山主峰景区50元；五指山热带雨林景区30元。景区交通车20元。

开放时间：五指山主峰景区7:30~16:00；五指山热带雨林景区8:30~16:30（15:30停止入园）。

最佳旅游时间

五指山最佳旅游时间为11月至次年4月，如来此游览最好是避开5~10月的雨季，因为雨季期间五指山路滑难走，而且山蚂蟥特别多。

进入景区交通

位置：五指山市五指山路附近，水满乡是景区中心。

交通：1.班车：在五指山市汽车站乘坐中巴前往水满乡，每天发车时间是9:00、12:40、16:00，全程约38千米，到达水满乡后可乘镇上的摩的前往漂流点。

2.自驾：三亚往东沿高速公路走，约80千米处，可看到"五指山市"的路标，下高速，顺着路标行驶即可，从亚龙湾到五指山2小时左右。

景点星级

美丽★★★★　浪漫★★★★　刺激★★★　特色★★★　休闲★★　人文★★

"不到五指山，不算到海南"。五指山是海南第一高山，位于海南岛中部，这里山清水秀，四季如春，有"天然别墅"和"翡翠城"之称。巍峨耸立，峰峦起伏成锯齿状，形似五指。远眺五指山，只见林木苍翠，白云缭绕，绿山盘旋而上峰巅，顿觉云从脚下生，人在太空游。近看五指山，只见五个"指头"由西南向东北，先疏而后密地排列，在云海中时隐时现。

五指山的五个峰虽然峰巅分立，但五个峰却山体相连。五指山第一峰，郁郁葱葱，峥嵘壁立，顶峰倾斜指着天际，远看山巅像啄食尖削的鸟嘴，实际上是一大块10多平方米的岩石。五指山中的最高峰为二指，在一峰二峰之间，山势非常险要，有一座由天然巨石架成的"天桥"，传说是座"仙桥"，神童仙女还常到桥上云游玩耍。二峰之后是三峰，原是五指山的最高峰，后被雷劈去一截。置身于峰峦，只见云雾从身边徐徐飘过，似置身在仙境中，俯瞰南海，极目万顷碧波，渔帆点点，景象万千。

五指山示意图

什好
至木色河
五指山大峡谷漂流终点
牙合村
祝赞
五指山大峡谷
3
五指山大峡谷漂流起点
初保黎族民居群
初保

亲子研学

五指山的由来传说

相传很久以前，在这块平原上居住着一对夫妻，男的叫阿立，女的叫邬麦。他们生了五个儿子。一家七口同住在一起，不分昼夜地干活。后来阿立在梦中得到了神仙的帮助，拥有一把宝剑后，从此他们一家人过上幸福的生活。这把剑好人用就是造福一方的宝刃；坏人得到就会带给村民灾难。等到阿立死后，有个坏人为夺宝剑，逼五个儿子说出宝剑的藏匿位置，但他们至死都守口如瓶。从此以后，人们为了纪念这五个儿子，便把这座山叫作五子山。后来，又因为五子山直竖着，好像五个手指头一样，人们就把它叫作五指山了。

① 五指山热带雨林

五指山脚下的水满乡遍布热带原始森林，它具有热带山地雨林和热带沟谷雨林的典型景观。森林层层叠叠，逶迤不尽；水满河清澈透底，动静结合。林中河流众多，时而水流湍急，时而水平如镜，山光水色交相辉映，奇特瑰丽。林内还有一条栈道，沿路景观俊美多姿，栈道嵌壁，绿色长廊，移步换景，奇石叠垒，碧潭盈底，溪流淙淙。

景区内古树参天，藤萝密布，奇花异草随处可见。层层叠叠的森林里面还有各种兽类和鸟类。就连空气里也有一种独特的树脂香味，薄雾像一条透明的纱巾，环绕着深深绿谷，轻轻地飘荡。

攻略

五指山空气洁净无粉尘，负氧离子每立方厘米含量10000个，居全国前列，称得上纯天然氧吧。

永训

什撵寨

牙排桃

方应

什牙口

五指山二峰 1867

五指山主峰景区

海南五指山国际度假寨

五指山水库

番满

那京

毛纳

水满乡
新村

番好

2 蝴蝶谷

丹枫园木

竹雨枝遣寨

五指山热带雨林

1

新民

水满黎族自然村

槟榔林

观山台

番响

至南圣镇

2 蝴蝶谷

　　五指山是蝴蝶的天堂，有 600 多种蝴蝶繁殖生长在这里，其中凤蝶、蛱蝶、粉蝶等 7 种还是稀有的品种，而最美丽的凤蝶科蝶种达 48 种，约占全国总数的 51%。在距离五指山风景区不远，水满河的上游有一个充满诗情画意的地方，这就是蝴蝶谷牧场。它是以蝴蝶为主题的大型蝴蝶养殖园。牧场内设有蝴蝶博物馆、天然蝴蝶园、梦秋千园、赏蝶园、蝴蝶池等景观。

　　漫步在景区中，听身边溪水叮咚，看身边彩蝶飞舞，呼吸着新鲜的空气，让人回归到梦里的那个绿色原始时代。

攻略

　　蝴蝶牧场汇聚了品种众多的活体蝴蝶，博物馆收藏了2万余只蝴蝶标本、3000余只昆虫、海南蝴蝶500余种、中国其他地区蝴蝶300种、国外珍贵观赏蝴蝶120余种。牧场还制作各类精美的蝴蝶工艺标本和工艺纪念品，并同时开设婚礼放飞蝴蝶的服务项目。

3 五指山大峡谷

　　五指山大峡谷起于五指山第一峰，终于雅宾草地，是一条纵深上千米的大峡谷。峡谷幽深，奇石林立，鬼斧神工，奇峰突起，巧夺天工。峡谷水流湍急，落差极大；古木参天，溪流湍急，有自然形成的便道可供攀爬。

　　五指山峡谷漂流就如五指山的神秘一样让人向往，这里天高水长，阳光妩媚，四面青山环绕，迎面而来的是一种久违的期待，期待惊险、刺激，期待与大自然的搏斗，期待激情的澎湃。

　　此外，景区内还有白沙起义第一次会议会址、琼崖纵队司令部旧址等纪念地，有五峰寺、玉皇宫、灶君堂及盘古庙等佛寺、庙宇，其中最有名的是观音禅寺，它是五指山寺庙群中历史最久远的一座。

攻略

　　五指山大峡谷漂流全程约6千米，需时80分钟。目前，五指山漂流开发了"勇士探险漂"和"情侣逍遥漂"两个项目。漂流的起点位于五指山水库的水闸处，漂流时间为周一至周五12:00～15:30，周末10:00~16:00，漂流费用周一至周五149元/人，周末158元/人，漂流最佳季节是7～10月。

❹ 木色湖

在五指山景区不远的屯昌县，有一个静谧而美丽的湖泊，这就是木色湖。木色湖旅游度假景区内有木色湖和雷公滩湖，木色湖是海南岛中部有名的人工湖，该湖湖水清澈，宽阔的湖面碧波荡漾，环湖青山起伏，湖畔水草丰盛，水鸟成群，湖南面的湖滨半岛屋舍整齐标致，地面翠映绿茵，大小鹿群觅食追逐。距木色湖上百米外是素有高山平湖之称的雷公滩湖，两湖之间有一瀑布，犹如白练挂于青山间，长年飞流直泻，响声如雷，雷公滩湖便是由此得名。雷公滩湖东、西、南三面依山，湖面波光涟涟，湖畔草木葱翠，一年四季，山花盛开，景色秀丽。

攻略

美食 饕餮一族新发现

五指山的美味佳肴以特产牛肉、五脚猪、灵芝蟹、蚂蚁鸡这四大名菜为主。

五指山地区有很多美味的野菜，其中革命菜、白花菜、新娘菜、雷公笋、树仔菜等野菜多达数十种，清炒还是下火锅都鲜美可口。山兰甜酒（当地人叫这种酒"BIANG"）开坛十米外都能闻到它的芳香，尝一口满嘴香甜。竹筒饭是用山兰米精制而成，米香、竹香混合在一块更醇美。在五指山国际度假寨、山脚下小镇上的菜馆都可以品尝到这类美食。

行程推荐 智慧旅行赛导游

五指山生态旅游公路（南圣毛运村）—青春岭瀑布群—新村苗寨—蝴蝶生态牧场—水满村（万年神龟）—五指山热带雨林栈道风景区·热带雨林漂流—五指山最佳观山点—五指山国家级自然保护区·五指山国际度假寨（枫树林、仙女潭）—登五指山—水满园—五指山大峡谷风景区—五指山天湖垂钓—五指山河谷漂流终点—初保原始黎村。

黎苗民族歌舞长廊

黎苗文化的天堂

@漂流的心　黎苗民族歌舞长廊，是集自然之美与人文之美于一身的景点。置身其中，修身养性，可忘却世间百态。

@底神　我最喜欢苗族的衣裳，非常有民族特色，他们舞蹈时游人可以一同参与其中，一起去感受其中的乐趣！

最佳旅游时间

每年8月份是黎苗民族歌舞长廊的最佳旅游时间，此时花草树木郁郁葱葱，椰岛风情尽情展现。

进入景区交通

位置：五指山市至保亭县一带十几千米的路段两侧。

交通：

1.海口出发：可先乘海口至保亭的快车，再换保亭至五指山的车，到达后沿着南圣河北岸走2千米即到番茅黎寨。

2.三亚出发：从三亚出发乘坐至五指山市的客车，半小时一班，中途在毛岸镇下车，下车后租摩的至茶场四队，然后沿着茶场四队的后面小路徒步至老苗村。

景点星级

人文★★★★★　特色★★★★　休闲★★★★　美丽★★★　浪漫★★★　刺激★

黎苗民族歌舞长廊就是黎苗文化的"活体博物馆",这里有十几家黎苗风情旅游村寨,包括黎族山寨、番茅黎寨、番空旅游村和保亭毛真苗寨等。每个村寨都可以体验民族风情,观赏民族歌舞,民族歌舞是黎苗民族风情和生活的真实反映。

漫游"黎苗民族风情村",可参观民族文化村、民族博物馆、民族风情寨,参加民族节庆活动,参与民族歌舞和民族体育活动,品尝地方餐饮,进行热带山地雨林考察等。

👪 亲子研学

黎族、苗族的风俗

黎族禁忌在吃饭时用筷子敲打饭碗或吹口哨;不要将筷子交叉地放在饭碗上。

苗族人忌浮华与虚伪;不能坐苗家祖先神位的地方,火炕上三脚架不能用脚踩;不能拍了灰吃火烤的糍粑;遇门上悬挂草帽、树枝或婚丧祭日,不要进屋;路遇新婚夫妇,不要从中间穿过等。

五指山黎族山寨是一座美丽的小村庄,它掩映在群山绿野的怀抱中,朴实的黎族人民就生活在这里。每当有远方贵客来的时候,他们就会设宴招待,还有黎族特有的八音队会给客人演奏。在山寨里还有些青蛙雕塑,青蛙被黎族人敬为神圣的动物。另外,游客还可以品尝当地的风味食品。

五指山初保村是保留最完整、最美丽、最独特的黎族民居群。初保村依山而建,村前有潺潺流水和层层梯田,全村人全部住在极富黎族特色的杆栏式楼房(俗称"吊脚楼")里,是区别于海南其他黎族船形屋的一个特例。

番茅黎寨周围青山成群、耕田连片,一派农闲风光。村寨里尚成片地保留着传统的船形茅屋,有十几间。黎寨男人留着长发结鬓于额前,用红色或者褐色的布包裹头部,上身开襟穿衣;女人文脸,喜欢戴些耳环、项链、手镯等首饰,披绣花头巾,穿着各色图案的筒裙,色彩新鲜亮丽,寨里妇女精于纺织和刺绣。

寨里的黎族同胞能歌善舞,山歌对唱曲调优美,传统的打柴舞、舂米舞、钱铃双刀舞等多姿多彩;别具一格的鼻笛和铜笛吹奏,充满了独特的民族风情和浓郁的生活气息。

小贴士

八音指的是黎族特有的民族乐器,包括哒唠、口拜、小铜锣、小鼓、椰胡、竹胡、木琴、碰铃。

故事 钱铃双刀舞的来历

很久以前，一个谦虚的小伙子和一个骄傲无比的小伙子同时爱上了同一位姑娘，姑娘选中了谦虚的小伙子。婚礼时，骄傲的小伙子手持双刀，紧逼新郎，想乘比武之机伤害他。谦虚而聪明的新郎机智地拾起钱铃棍抵挡，使自己摆脱了困境。从此挥舞钱铃逐渐成为一种舞蹈，舞者头缠红巾，身穿传统服装，一人手持五寸双刀，勇猛地向持钱铃棍者佯刺，持钱铃棍者上下、左右、前后地灵巧招架和周旋。此舞刀棍翻飞，场面扣人心弦。

沿海榆中线公路南行15千米到达冲山镇，陡水河缓缓流过，毛岸苗村就位于此。毛岸苗村的村民十分热情好客，他们这里还保留着浓郁的民族特色，村里面有溜索、民族舞表演、民族特产试吃等许多具有民族特色的项目。特有的山兰禾架和竹编的小谷包点缀着房前屋后。

小贴士

每年的三月三，苗族同胞就会跳起欢快的舞蹈，用纯自然的野菜，招待远方的游客。

链接 丰富多彩的民族舞蹈

苗族舞是海南苗族盛行的一种祭祀舞蹈，相传在远古时期，苗疆的一个部落出现了一个吃人妖魔，吃了许多村寨的百姓，一位苗族英雄带领大家与恶魔展开浴血奋战，终于杀死了恶魔。苗家于是杀牛庆祝，剥下牛皮作为鼓皮，还用恶魔的骨头击鼓起舞。"苗族舞"由此而来。

团结舞是苗族民间的祭祀、喜庆舞蹈，主要是为了纪念五姓始祖。跳舞时间为农历六月初一、初二、十五和十二月十五。

大刀舞，动作简单、粗犷、骁勇，是苗族同胞喜爱的一项娱乐活动。舞蹈主要反映生活在山区的苗家狩猎、防身等生产技艺。

住宿 驴友力荐的住宿地

    黎苗民族歌舞长廊分布在五指山市北的十几千米的狭长区域，可以在五指山市区住宿，也可以在沿途的度假山庄和宾馆住宿。

    五指山水云居民宿，位于南圣镇19号，是一家集休闲、养生、度假为一体的民宿。

    五指山旅游山庄，位于五指山市河北山庄路8号。

美食特产 游遍景区不犯愁

    黎族美食有竹筒饭、南瓜饭、包子果饭、鱼茶等；苗族美食有三色饭、五色饭等。可以在当地的黎苗村内品尝特色美食。

    当地特产有水满茶、黎锦、灵芝、根雕、蝴蝶标本、热带兰花等。

呀诺达雨林文化旅游区

三亚的后花园

微印象

@箫诗墨 这里长着4500多种植物，占全国植物总量的一半以上，漫山遍野的绿叶青干，姹紫嫣红。

@北湖001 呀诺达长达数千米雄伟瑰丽的峡谷奇观会让你目不暇接，飞瀑流泉、飞花溅雪让人流连忘返，悠久精美的黎锦工艺让人叹为观止，长年不断的热带瓜果让你爱不释手。

门票和开放时间

门票：150元，门票包含往返观光车。

开放时间：8:30～18:00。

最佳旅游时间

春秋两季去呀诺达雨林文化旅游区较为适宜，此时瓜果飘香，还可以品尝地道的美食；11月下旬当地睡莲竞相开放，风景秀美。

进入景区交通

位置：三亚市海榆中线三亚至保亭方向约18千米处。

班车：在三亚总站乘坐三亚至保亭班车在三道农场路口下。

景点星级

刺激★★★★　美丽★★★　浪漫★★★　特色★★★　休闲★★★　人文★★

呀诺达雨林文化旅游区是中国唯一地处北纬18度的真正热带雨林，是海南岛五大热带雨林精品的浓缩，是最具观赏价值的热带雨林资源博览馆，堪称中国钻石级雨林景区。

景区以天然形胜和热带雨林景观为主体，依景点类型和内容分为三大片区：梦幻谷（含莲花池）、雨林谷（雨林登峰、植物王国）和三道谷。

进入雨林游客中心，迎面而来的是用食指与中指做出的一个"V"字手势和对你的一声声问好。在游客中心能亲身体验并参与到最正宗的黎族竹竿舞，还能近距离观赏淡水巨蟒、美人鱼、海象鱼、食人鲳、龙鱼、花罗汉等2000多种热带淡水鱼。

亲子研学

"呀诺达"三个字的含义

你知道"呀诺达"这个有点奇怪的名字是怎么来的吗？

呀诺达是形声词，在海南本土方言中表示一、二、三。景区赋予它新的内涵，"呀"表示创新，"诺"表示承诺，"达"表示践行，同时"呀诺达"又意为欢迎、你好，表示友好和祝福。

① 梦幻谷

在游客中心乘电瓶车行进在盘山路上，约15分钟后就到了雨林之旅的起点——梦幻谷，谷内有1.2千米长的木栈道。梦幻谷内有巨石、巨榕、热带阔叶林、流泉叠瀑等热带雨林景观。绿野溪涧、流泉叠瀑、百草丰茂、曲水流潺，如诗似梦，一派生机，浓缩了山泉雨林之精粹。

梦幻谷内还有特色拓展活动——踏瀑戏水，从梦幻谷下边的入口处一路踏瀑戏水攀爬而上，非常适合体力较好、喜欢野外活动的朋友。

攻略

踏瀑戏水，一路跋山涉水，共有人猿泰山、凌波微步、网底穿行、攀登瀑布四个环节。整个过程惊险刺激，是一项适合成年人参加的活动。如果是带小孩旅行的话还是沿栈道慢行比较好。参加踏瀑戏水会淋湿全身衣服，需要自备干燥衣物。

② 莲花池

从雨林谷登顶看到在群山之中环抱有一水池就是莲花池，总面积1万多平方米。一池翠绿的湖水，水鸟贴着水面飞翔，岸边细细高高的槟榔树好似莲花池的守卫，远处云雾中的高山倒映在池水中。

池子的北部有两个孤零零的小岛，中间有石桥相连。石桥名为静心桥。站在小岛上俯视池水，一蓬蓬莲花竞相开放，远处一簇簇花丛也向人展现着它异样的舞姿。

在莲花池东南角有一片空地，掩映在郁郁葱葱的原始雨林之中，可用来露营。

攻略

在莲花池中可进行水上步行球活动，享受水上清凉健身行走的乐趣。露营的帐篷可搭建在木台和草坪上，帐篷必须防雨防风，并配有防潮垫和床上用品。夜晚可在露营区附近吃烧烤、参加派对、观看黎族歌舞演出，还能坐在池边看月亮映在一汪池水之中的美景。

③ 雨林登峰

过了莲花池西北端的木桥就到了雨林谷的雨林登峰。来到这里感觉就像到了一个神话世界，抬头不见蓝天，低头满眼苔藓，林中潮湿闷热，到处湿滑，光线暗淡。

顺着木栈道向前走先是看到被喻为恐龙时代活化石的桫椤，之后看到五榕迎宾，这五棵榕树根连着根、枝挽着枝，形成一把巨大的绿伞，在绿伞下挡风遮雨，阵阵清凉。拐一个90度弯再向前走能看到千年夫妻榕，这是上千年的黄葛榕，它与在前方不远处的另一棵黄葛榕交相呼应。再走几步是房顶像一只倒扣的船的船形屋。之后一路向上就到了山顶。

呀诺达雨林文化旅游区示意图

野生桄榔林保护区
桄榔林观景台
④ 植物王国
椴石雨林景观区
中国石
千年灵芝洞
野生灵芝保护区
雨 林 植 物 区
五角亭
③ 雨林登峰
桐亭
四柱亭
桐亭景观区
雨林花架观赏区
野生绿萝景观区
兰花溪景观区
索桥亭
千年根吊石
雨林石阶道区
船形屋景观区
封喉亭
百年夫妻榕
湿地景观区
五榕迎宾区
桫椤
雨林入口
梦幻谷
① 梦幻谷
呀诺达经石峡谷
莲花池
②
九重叠瀑
神龟石
三潭水帘
服务区
生肖广场
毛民水库
大门景观区
大门

故事 海南船形屋的传说

相传，有一个青青公主，爱上了宫中杂役阿誉。国王非常生气，给了公主和阿誉一只小木船，将他们赶出了宫门。两人划着小木船来到了海南岛，用木桩和小船建造了房子躲避风雨。他们便是黎族的祖先，黎族人为纪念祖先将房子盖成船形，从而形成黎族独特的建筑风格。

攻略

呀诺达高空观光滑索从呀诺达观景平台山巅滑行道到雨林谷桐亭景观区，单程长约680米，从山顶站到桐亭站仅用1分40秒。人悬于钢索上由高往低飞翔，可享受速度的刺激及有惊无险的轻松快乐。

❹ 植物王国

过了山顶就是下山之路，这一路是植物的王国。穿过一个不高的石洞，出洞可见在榕树下端长着一棵木化了的巨型灵芝，长30厘米，宽20厘米，如石磨般大，呈椭圆形。向前走不久后能看到一块酷似中国地图的巨石，在北京到广东的位置上，刚好有一根藤蔓垂下来，恰似横贯南北的大动脉"京广线"。之后就是根石雨林区，是一个河床遗址，这里的森林具有原始森林特征，还有石洞、暗河等景观。之后看到峡谷上驾着的天桥就是幸福天桥了，天桥是用绳子依山势悬在空中的木板桥，桥两边用绳索保护，上面挂满了祈福的风铃。

进入桃榔林景观区，桃榔树形高大，叶片婆娑，树高20多米，树干胸径50厘米以上，有近百条像羽毛一样的枝叶。过了亭子之后就是雨林天道，这是一条空中观景通道，沿途可穿越不同的景观，这里也是呀诺达拍摄远景的一个绝佳之地，远山近树尽收眼底。穿过一片野牡丹就回到了莲花池。

> **点赞** 👍 @我不是恐龙 坐电瓶车回来的途中突降大雨，雨中观看热带雨林，感觉到的是一丝的浪漫，还有身心的放松，这才是真正的热带雨林，没有雨哪能体验到热带雨林的韵味。

攻略

景区内有"欢乐雨林呀诺达"大型演艺区，是以黎族风情为特色、以热带雨林为背景的大型"欢乐雨林呀诺达"演艺节目，可以容纳2000多名观众同时观赏，在这里观众能够真正欣赏到海南原生态、高水准的黎族歌舞。

攻 略

住宿 驴友力荐的住宿地

　　景区内有两处可以住宿，一是呀诺达雨林一号度假酒店，二是参加两日游的帐篷。两处的住宿环境都特别好。呀诺达雨林一号度假酒店位于呀诺达雨林文化旅游区核心区域雨林谷内，这家酒店倚山而建，与热带雨林、峡谷瀑布自然融合。帐篷在莲花池边，只有参加两日团才能享用。

美食 饕餮一族新发现

　　呀诺达热带雨林景区内有特色药膳自助餐厅，呀诺达雨林药膳汇集中华药膳的精华，在传统工艺的基础上不断创新，运用独特的烹调技法，结合海南地方特色，将雨林中的山药、野菜、野生菌、土鸡、水库鲜鱼、特色蔬菜引入药膳，形成了独具特色的雨林药膳，特色菜品有萝卜当归烧牛腩、藏红花烧豆腐、酸菜白果炒猪肚、秋刀鱼、五彩山药丝、芸豆炖猪蹄、西芹百合炒木耳、胡椒根炖柴鸡等。

行程推荐 智慧旅行赛导游

　　呀诺达景区有自己的旅行团，性价比极高。
DAY1："踏瀑戏水"—冲凉换洗衣服—烧烤晚宴—歌舞晚会—帐篷露营。
DAY2：雨林早餐—药膳（自费）—回海口。

175

槟榔谷

黎苗文化的聚集地

@小行星 槟榔林很美，很有亚热带气候特点，这里民族特色也很浓重，里面的一些农作工具上还有当地的图腾。

@ elizarwang 去了这里，真正体会了原汁原味的"海南味"。我们体验了当地婚俗活动，参观了一些当地人的房子，最有意思的是穿当地民族的衣服拍照。

门票和开放时间

门票：旺季80元，淡季40元，观光车全程30元，半程20元。

开放时间：日场8:30~18:00，夜场13:00~20:30。

最佳旅游时间

每年9月到至次年4月为最佳，农历三月三和农历九月九可以看到平时不太常见的民族歌舞和表演，还能参与到各种节庆活动当中。

进入景区交通

位置：保亭县三道镇西南。

交通：1.班车：可从三亚汽车总站乘坐开往保亭、五指山方向的客车，直接在槟榔谷景区下车可达，全程约45分钟。

2.出租车：可在三亚市内乘坐出租车直接到槟榔谷景区，景区距离三亚市内约28千米。

景点星级

美丽★★★★★　休闲★★★★★　特色★★★★　人文★★★★　浪漫★★★　刺激★★★

槟榔谷因其两边森林层峦叠嶂，中间是一条延绵数里的槟榔谷地而得名。这里有黎族阿妹、苗族阿哥，这里有丝竹弦音、山歌寨舞，这里有石祖有老树，有烤鱼有药酒，这里是一片原生态的生活百景，这里流传的是古老的传说，这里有一棵挨着一棵的槟榔树——它的名字叫槟榔谷景区。景区由黎村、蚩尤苗寨和原始雨林谷三大部分组成。

攻略

在景区入口不远的地方有一个歌舞表演场地，在这里游客可以欣赏到大型的实景演出《槟榔·古韵》。该演出所表演的是黎、苗族独特的传统技艺、浓郁的民族风情和动听的故事传说，通过演出淋漓尽致地展现了黎苗族的文化。表演时间：9:50、10:50、11:50、14:30、16:30。

小贴士

景区配备专职讲解员共计100多人，绝大多数为纯正的黎苗族人，他们均有正规执照，可提供多种语言服务。

小贴士

可以与园中的黎族阿哥、阿妹一起玩黎家特色摘槟榔、抱椰过河、浑水摸鱼等游戏。

槟榔果是黎族同胞生活中不可或缺的"吉祥果"，槟榔谷的黎族小伙亲手为游客摘下槟榔果，不仅是送上祝福，更是让游客感受到黎族同胞的深厚情谊与别样民俗风情。在景区，爬槟榔树活动很受欢迎，由于趣味性、互动性强，因此被誉为"树尖上的舞蹈"。

谷内到处可见高耸入云的槟榔树齐聚一起。信步向前，会有穿着鲜艳民族服饰的兄弟姐妹热情地把你迎进一座座小小的茅草屋舍中，向你问好。继续前行，可以看到一个形状酷似倒扣在地上的船形的屋子，那就是船形屋。船形屋是黎族典型的传统民居，以竹木、黄泥、稻草、树枝、茅草搭建而成，黎族话称"隆勾仑"。这种传统民居一般分为三间，头间为厨房和客厅，中间为居室，尾间为杂物房。

在槟榔谷，黎族的阿婆们三五成群地围坐，织布聊天，戴着老花镜的她们平和慈善，你会发现她们中一些人脸上文着图案，千万不要惊讶，因为在黎族文化中，女性是要求被文脸、文身的，这是黎族至今保存最古老的文化遗迹，被誉为"人体艺术的敦煌壁画"活化石。这也是景区内最大的特征，即"雕题离耳"。所谓的"雕题"就是文脸，即在脸上刻图案；"离耳"就是耳朵上佩戴大的耳环。

忽然听到悠扬的旋律，闻声而去，就到了黎族民间古乐表演区，在这里，可以尽情地欣赏到优美而古老的黎族民间古乐表演。黎族民间传统乐器是黎族传统的民间艺术集中体现之一。俐咧、哔哒、鼻箫、筒芋、椰乌、叮咚、独木鼓等黎族古乐器制材独特，音质清新，散发着原始生活气息，竹木器乐无乐谱，仅靠祖辈口口相传，现已被列为国家非物质文化保护遗产。

小贴士

在这里，可以聆听黎族老人讲述古老的黎族民间童话，如《甘工鸟》《阿德哥和七仙妹》《诺实和玉丹》《阿根和金花》等，从而可以体验黎族文化的厚重感。

解说

鼻箫是黎族极具特色的气鸣乐器，因用鼻孔吹奏而得名。清代张庆长《黎岐纪闻》中记载："男女未婚者，每于春夏之交齐集旷野间，男弹嘴琴，女弄鼻箫，交唱黎歌，为情投意合者，男女各渐凑一处，即订偶配，其不合者，不敢强也。"可见鼻箫是黎族青年表达爱情时常用的乐器。

小贴士

景区内可以体验黎族婚嫁文化，即入洞房的时刻。

悠悠漫步，前面是热带雨林，这里有飞鸟、猴子、小兔，还有许多野生的小动物。在石祖崇拜区里，供奉着黎族人祖祖辈辈祭拜的石祖，是祈求男人事业昌盛、女人幸福平安的神秘区域。

母树区里有一棵拥有300多年树龄的高山榕树，属母性，其根部非常发达，就像一个母亲的怀抱，当地人称为"母亲树"。在当地，每逢3、6、9日，孝子孝女们都会来此为自家母亲祈祷。母树区的后面便是雨林楼，在雨林茶楼可以免费品尝到上等的五指山苦丁茶、灵芝茶等。

原蚩尤苗寨展示的图片文化是古代与黄帝、炎帝齐名的蚩尤兴衰历史和海南岛苗族的来历，再现了千百年来苗族人勤劳、勇敢、智慧的精神风貌和感人的生活场景。

整个景区最为精彩的，要数"刀山火海"的节目了。参加主演的是三位全身着黑衣的苗族壮汉。第一位出场的是赤脚攀爬"刀山"，在用一把把刀做成的长梯上翻腾抓跃，做出种种惊险的杂技动作；第二位出场的是赤脚踏踩在高高堆积的碎玻璃上，并用脚不断狠踢碎玻璃；第三位出场的动作最为惊险和壮观，先是赤足踩踏在烧得赤红的钢板上，然后又用舌头连续舔热钢板两次，这绝对会震撼游客的眼球。

小贴士
高空滑道是在500米高的山谷上空滑过，可以一边欣赏满眼的绿色，一边体验那份刺激。

小贴士
在景区内可以体验古老而新奇的钻木取火。另外，景区也拥有很多特色的体育项目，如拉龟、射箭、荡秋千、攀藤摘花、挑山栏过河、过独木桥等，让人感觉十分刺激。

点赞 👍 @我是底神 刀山火海表演震惊四座，真为那几位壮汉捏一把汗。

攻略

食宿 饕餮一族新发现

黎族的竹筒饭是用米配肉类为原料，放进新鲜的竹筒中，加适量水，再用香蕉叶将竹筒口堵严，用炭火把绿竹烤焦即可；苗族五色饭有红、黄、蓝、白、黑五色，皆用独特植物提取天然色素拌在米中，并放进特制的木蒸笼中蒸成。五色饭色彩鲜艳，清香可口，是开胃去火的清凉佳食。

槟榔谷地区的特色菜有凉拌卷毛菜、山兰糯米糕、营养菌汤、荷叶烤鸡等。景区内有波隆人家餐厅，这家餐厅里的饭菜清新可口，很受当地人喜欢。

游览槟榔谷的游客一般住在三亚。

七仙岭

进入温泉的世界

@凯宾斯基 七仙岭温泉旅游区风景秀丽，鸟语花香，该景区对原始生态保护得挺好，我们一家人都很喜欢。

微印象

门票和开放时间

门票：旺季50元，淡季42元。温泉项目和娱乐项目单收费。

开放时间：8：00～17：30（16：30停止入园）。

最佳旅游时间

最佳登山时间为每年11月至次年4月，此时也正适合泡温泉，最好避开5～10月的雨季。

进入景区交通

位置：保亭县城北约10千米。

交通：三亚火车站有发往七仙岭的城际1号线公交。

景点星级

美丽★★★★★　　浪漫★★★★　　特色★★★★　　刺激★★★　　休闲★★★　　人文★★

七仙岭又名七指岭，以七个状似手指的山峰而得名，属海南岛的名山之一。这里的独特魅力在于温泉、奇峰、民族风情和热带田园风光。七指岭主峰1126米，无论登临峰巅，还是下到温泉区，都如同置身于仙境。

山岭七峰似人的掌指竖立，直指苍穹。前峰最为高大，海拔约1107米，后六峰较小相依相偎。当晨雾覆盖时，远眺中的七仙岭，酷似七位姐妹披着薄纱直立，端庄窈窕；中午时分，云雾消散，七仙岭又像七把利剑直指云天，气势十分雄伟。

七仙岭七峰险峻，天然绝壁，是攀岩的好去处。在七仙岭登山一般就只登前峰和二峰，山不算太高，路也很好走，大部分铺设了石阶路。不过石阶路并不能直达岭顶，岭顶非常陡，想要登上顶峰会有点难度。

故事　七仙岭的传说

关于七仙岭有两个传说，一说是两兄弟比赛射箭时射塌了山岭，六箭射出六道裂缝，形成七座山岭；另一说是当地黎族女子劳作之余用橘叶泡温泉洗浴，可以使容颜美丽，王母娘娘听说后，派七仙女下凡偷师，谁料七仙女来到保亭后，被雨林温泉风光所迷，化作七峰永驻人间。

山岭附近还有保亭甘什岭槟榔园，园内有海南面积最大、树干最高、最细直、结果最多和最古老的槟榔，山间还有被誉为活化石的桫椤林。

闻名遐迩的七仙岭温泉在七仙岭南面山脚下，处于低洼地中。峻峭七峰为屏，背枕青山，胶林如海，椰林婆娑，槟榔亭亭，野花飘香。整个温泉区约有1平方千米，热气袅袅升腾，如云似雾，有如天宫瑶池。

解说

七仙岭温泉水质软滑、清澈透明、无色、无味，富含锌、锶、锂、溴等多种人体所需的微量元素，属弱碱性、低矿化、重碳酸钠型氟硅医疗温泉水。

七仙岭温泉区内有大小泉眼40多口，自喷泉眼7口，日出水量4200吨，最高温度93℃。所有的温泉池大都由天然鹅卵石垒砌而成，依山而建，形态各异。池面上热气蒸腾，宛如纱帐轻轻笼罩。

温泉区内最引人入胜的地方有两处：一个是北面的温泉湖，面积约2000平方米，水深齐腰，湖面热气袅袅，水池从一边到另一边由温渐热，适宜不同要求；另一个是被当地人称为鸳鸯溪的"什那溪"，这条溪是由一冷一热的两股溪流汇合成的，光脚站于溪的汇合处，就可以体会到冰火两重天的奇妙境界。

温泉区现已建成数家温泉度假村，用于接待度假休闲的人们，活动内容有矿泉疗养康复、观赏民族风情、参加登山观景等。

温泉区还有飞溅的瀑布、潺潺的流水、明净的山湖、飘香的果园、神秘的森林及田园春色和民族风情等。七仙岭这种"温泉+热带雨林"的资源组合模式，在世界上堪称一绝，是一个集温泉养生、休闲、商务、度假旅游于一体的、不可多得的地方。

攻略

1.景区内有18洞72杆山地高尔夫球场。球场利用了原始地形地貌，令球道迂回穿梭于茂密的橡胶林及天然湖泊山溪之间，此处山势俊美、浮云缭绕，可让球手充分享受自然。

2.每年农历七月初七举办的七仙温泉嬉水节是海南黎族苗族的盛会，在那天可以欣赏到他们传统民俗，如祭水仪式、攀杆取宝、八音演奏、过火城等。

攻 略

住宿 驴友力荐的住宿地

海南七仙岭宝亭荔苑温泉酒店：位于七仙岭温泉国家森林公园，掩映在热带雨林中，环境自然清新，以温泉康体为主题，这里房间宽敞，阳台上还有私人温泉池。

七仙瑶池康年温泉度假酒店：是一家以"热带雨林观光，温泉养生度假"为主题的大型旅游度假综合体，也是"中国十大民族品牌节庆活动——中国海南七仙温泉嬉水节"圣水采集地。

君澜度假酒店：位于七仙岭温泉国家森林公园内，是一家以"热带雨林"和"野溪温泉"为主题的五星级标准酒店。

美食 饕餮一族新发现

黎族竹筒饭和苗族的五色饭是当地的特色，许多宾馆的餐厅都有竹筒饭，但五色饭则少有；满山遍野的蕨菜、蒲公英、苦妈菜、白花菜等则是上等的无公害野菜；在温泉水中煮鸡蛋也别有一番滋味，蛋黄已煮硬，而外面的蛋白却始终保持着半流体，口感相当特别。

温泉度假村餐厅提供的野菜也十分有特色，品种多，这里的黎族山兰米酒也比较正宗。

第 5 章
海南
西线

福山咖啡风情镇
东坡书院
霸王岭
尖峰岭

福山咖啡风情镇

将咖啡制作与品尝融为一体

@琼州百谈 10月下旬在福山小住了半个月，天天就是喝喝咖啡、散散步、吹吹风、晒晒太阳，这半个月过得十分惬意，这里真是一个休闲度假的好去处！

门票和开放时间

福山咖啡风情镇是一个小镇，不需要门票，如果时间充裕可在小镇小憩几日。

最佳旅游时间

3~5月是福山咖啡风情镇最佳的旅游时间，此时刚好海南开春，也是咖啡豆成熟的季节。每年12月28日为福山咖啡文化国际风情节，此时的福山镇热闹非凡。

进入景区交通

位置：澄迈县福山镇。

交通：乘坐海口发出的环海城际高铁到福山镇站下，然后步行前往（约2千米）。

景点星级

休闲★★★★　浪漫★★★　特色★★★　美丽★★　人文★★　刺激★

福山镇从 1933 年就开始有种咖啡的历史了，这里是海南最早种植咖啡的地方之一。以当地独特的火山红土再加上良好的气候条件，产出了高品质的咖啡豆。在镇子中有咖啡博物馆和文化馆，镇子东南面的咖啡种植园有 130 多万平方米，中间围着一座面积达 600 多万平方米的福山水库，可以垂钓和泛舟游览。

链接　海南咖啡的来历

在1933年爱国华侨陈显彰来到海南并对海南的13个市县进行了自然环境的全面考察后，最后认定福山为种植咖啡的理想地。一年后陈显彰从印度尼西亚的泗水，几经风险，克服重重困难，终于带回200多千克罗伯斯塔咖啡种子，在福山镇种植成功，随后建起咖啡农场。

小贴士

镇子里除了侯臣咖啡以外，还有海南当地的森古咖啡、古色咖啡、福山牌咖啡等。在这里游客可体验到最地道最醇香的咖啡。

从入口处进入风情镇，侯臣咖啡休闲站便展现在了你的面前。咖啡休闲站南边是西线高速，繁忙的汽车川流不息，北边是美丽的田野风光，胡椒、橡胶、树林形成有层次的景观，带给人无限的惬意，南北两边形成闹和静的鲜明对比。整个咖啡休闲站建筑色调以绿色为主，与北边的自然环境融为一体。休闲站里面有一个很大的吧台，10 多张桌子。在这里能喝到侯臣牌的各种咖啡。坐在巨大的落地窗旁，暖洋洋的阳光照射在身上，伴随着醇香的咖啡，让人远离都市的喧嚣，尽享生活的宁静与欢乐。

从咖啡厅出来，穿过中心喷泉就是咖啡文化馆了。先在 5D 放映厅观看一个讲述 8000~10000 年以前发生在琼北的火山爆发的 5D 影片，场面很壮观，椅子随着地面的晃动而晃动，房顶也掉雨点，让人有身临其境的真实感。通过这部影片可以了解到，火山的喷发使得福山地区的地表有着丰富的含

FUSHAN TOWN CENTER OF COFFEE CULTURE AND CUSTOMS

有火山灰成分的红土壤，土壤有机物含量多达1.8% ~ 3.5%，这也是当地能种出好咖啡的重要原因。之后讲述了福山咖啡的发展史，最后讲述咖啡是怎么被发现的。

攻略

购票观看影片可免费参观福山咖啡文化馆，游览福山风情镇，免费品尝一杯香醇的福山牌咖啡。

以大门和咖啡文化馆为中轴线分为北区和南区，北区主要是停车场和一些日常生活购物区，南区才是与咖啡直接相关的。南区风情长廊和咖啡休闲站是临街对面的，长约400米，街的两边都是一排二层小楼，一楼为铺面，二楼居住。整体呈米黄色。在这一段可以买到各种咖啡用具、制作工具，品尝各种咖啡，街上还有各种咖啡壶的使用方法的表演，其中活塞式咖啡壶的表演最有意思，师傅将粗粒咖啡粉放入温热的咖啡壶中，倒入开水后来回搅拌均匀再浸泡三五分钟，然后将带有滤网的活塞压到壶底，手持咖啡壶给旁边观看的人手中的杯子倒入咖啡，观众就可以喝到最新鲜的咖啡了。

小贴士

打算在当地购买咖啡壶的顾客不要心急，要一点点来研究下哪种咖啡壶适合自己。

点赞 👍 @季铭义 这里这么多的咖啡壶看得我眼花缭乱，不知道买哪个，幸亏导购给我一点点地详细讲了各种壶的用处，我才知道该选哪个，不得不感叹当地的服务真好。

在此还可以观看到采摘、清洗、烘焙、过滤、炒制、研磨等加工咖啡果子的过程。烘焙、过滤、炒制、研磨的过程相当值得一看：师傅先将生咖啡豆炒熟，之后用打碎机打成粉末，再把咖啡粉放进水里煮一刻钟左右，关火稍等一会儿，之后用滤网把粉末滤掉后将咖啡汁倒出来就可以喝了。在咖啡制作观摩品尝区可以品尝、购买各种咖啡，在这里游客会切身体验感受咖啡的制作过程。

攻略

福山咖啡文化风情镇内的红坎岭陶艺制作室，室内摆放着十几台制作机器。可在品尝福山咖啡的同时，自己亲手制作陶瓷器皿，并有专人进行辅导。工作室内摆放着各种各样的陶艺制品，如发财猪、金蟾等，形象十分逼真。

福山人工炒咖啡雕像。

攻略

住宿 驴友力荐的住宿地

风情镇是个大范围旅游度假区，里面的农家乐、家庭旅馆、宾馆等都可住宿，推荐的是天福假日酒店（福山镇西线高速路口）、明发宾馆（福山镇福中路南门街32号）等酒店。

美食 饕餮一族新发现

当地的咖啡糕、椰丝糯米粑、福山烤乳猪、咖啡酒等很有特色，值得品尝。能吃到上面食品的饭店有很多，其中有两家餐馆较为出名：侯臣咖啡文化村有一道独创的特色菜肴"咖啡鸡"；金玉乳猪店，距福山咖啡文化休闲旅游区530米，这家店的烤乳猪、海蛎煎蛋等菜都值得品尝。

购物 又玩又买嗨翻天

在这里买水果也是很方便的，如澄迈福橙、青枣、桥头无核荔枝、桥沙地瓜、美亭香蕉、莲雾、黄皮、芒果等，福山地区的富硒水果更是数不胜数，福山镇上的果园都可以买得到，但是要分季节来选购。

东坡书院
历代儋州最高学府

微印象

@钢铁侠 举目四望，秋稻正浓，村舍掩映在绿树丛中。此地本平凡，但有了东坡先生的足迹与身影，就变得不平凡了。

@战地狂飙 走进东坡书院，一种古意盎然的读书气息扑面而来，让你欲罢不能。站在书院内，会让你的压力随着书院的存在而慢慢消失不见。

门票和开放时间
门票：25元（背诵6首苏东坡诗词可获赠门票一张）。开放时间：8：30~17：30。

最佳旅游时间
春季和晚秋刚好，每隔两年当地会举办一次东坡旅游文化节，一般在12月份。

进入景区交通
位置：儋州市中和镇东郊。

交通：

1.从海口出发：在海口汽车西站坐大巴在洋浦高速路口下，然后坐三轮车到景区；也可以乘坐城际高铁到白马井站下车，转出租车前往。

2.从儋州出发：在儋州市区金屯车站乘中巴车到中和镇，再在镇上乘三轮车10分钟可到。

景点星级
人文★★★★　　特色★★★★　　休闲★★★　　美丽★★　　刺激★★　　浪漫★

东坡书院原是北宋大文学家苏轼贬谪海南时居住和讲学的地方，是海南重要的人文胜迹之一，书院原名载酒堂，后经重修、增建，至明代将其整体改为现名。书院中青石板路引导着你的脚步走过多处古迹，让你体会历史人物的伟大。书院主要建筑有载酒亭、载酒堂、奥堂龛等。

苏轼被贬为"琼州别驾"，到"昌化军（现儋州）安置"。他在儋州先是住官屋，后被驱逐，住到了桄榔林——三间茅屋。当地他的仰慕者黎子云等共同为他修造了这个房屋，让他有了安身之所。

书院大门轩昂宏阔，院里古林幽茂，群芳竞秀。进门首先是载酒亭，亭子重檐歇山顶结构，上下两层，上层四角，下层八角，各角相错，角角翘起呈欲飞之势，是当年苏东坡在此呼五色雀、钓鱼、与当地朋友一起聊天的地方。院内池塘清波荡起涟漪，鲜花朵朵争艳，让你眼前豁然一亮。

载酒亭后是载酒堂，它是整个东坡书院的正中心，也是苏东坡以文会友、传播文化的地方。堂名是苏东坡引用《汉书·扬雄传》中"载酒问字"的典故而命名的。

载酒堂两侧有历代名人的诗文碑刻13座。后墙上有两幅大理石刻，左边一幅是明代大画家唐寅所画的《坡仙笠屐图》，右边一幅为明代大文学家宋濂所题。

故事 《坡仙笠屐图》与苏轼

《坡仙笠屐图》中苏轼头戴竹笠，脚踏木屐，裤管高卷，前倾着，冒雨行走在乡间的路上。刻字曰："东坡在儋耳，一日访黎子云，途中遇雨，从农家假笠屐着归。妇人小儿相随争笑，群犬争吠。坡曰：'笑所怪也，吠所怪也。'觉坡仙潇洒出尘之致。数百世后，犹可想见。洪武十年仲春之月浦江宋濂题光绪五年仲冬重镌。"当时苏东坡已经彻底融入了当地人的生活中，他是快活的，所以才在《别海南黎民表》中说出"我本儋耳人，寄生西蜀州"这样的话。

大殿位于载酒堂之后。殿内有一塑像，描述了苏东坡循循善诱地讲授、黎子云聚精会神地聆听的情景；站在苏东坡后面的是随他来儋州的儿子苏过。殿上题匾为"鸣雪因缘"。大殿正中是东坡讲学的彩雕。大殿里还陈列着苏东坡的许多书稿墨迹及他在海南的文物史料，可充分反映出苏东坡对海南文明开化的贡献。

亲子研学

海南第一位举人

苏东坡对海南文化的发展起了至关重要的作用，在当地积极传播文明知识，这从他教授了海南第一位举人姜唐佐可以看出来。姜唐佐是琼山（现海口琼山区）人，为向苏轼求学，住儋州半年多。姜唐佐好学好问，勤奋刻苦，大有成才之势，苏东坡对他也厚爱有加，严格要求，认真指导。苏东坡鼓励姜唐佐进京应试，相约"子异日登科，当为子成此篇"。1103年，在苏东坡逝世两年之后，他终于成为海南历史上第一位举人。

书院两旁各有一小跨院，叫作东园、西园。东园里有一口井，叫钦帅泉，为明万历年间所挖，井水清凉甘冽。西园是座花圃，在花海中矗立着苏东坡铜像，他手握书卷，脚踏芒鞋，儒雅风流。

攻 略

住宿 驴友力荐的住宿地

东坡书院位置比较偏僻，来此旅游可住儋州或洋浦开发区。两地商务酒店很方便。

儋州为海南西部第一大城市，住宿条件较好，宾馆主要集中在中兴大街一段。可住海航新天地酒店（中兴大道168号）、3H好迷时尚酒店（伏波东路怡园十二街）。在洋浦可住洋浦湾海景花园酒店（洋浦大桥北端桥头旁）。

美食 饕餮一族新发现

儋州餐饮讲究鲜、嫩、爽、滑，口味根据菜品的需求而变化，主要有三色沙虫、儋州版海南粉。

当地中和镇有名小吃"玉糁羹""酒煮蚝"，均与苏轼有关。玉糁羹是苏东坡在海南最喜爱的食品，有诗为证，"过儿忽出新意，以山薯作出玉糁羹，色香味皆奇绝。天上酥陀则不可知，人间决无此味也。"讲的是当时苏东坡的儿子苏过，见年迈的父亲身体不好，就想办法给他弄好吃的。苏过将山薯弄碎后，再给父亲搞羹，苏东坡吃得很美味，就作了此诗。如今在附近小饭店还能品尝到。

霸王岭

热带雨林天堂

微印象

@白里透黄 一看到群山就感觉很壮观，这里的空气也特别清新，山上有很多珍贵树种。

@黄昏 我们先后拜访了"树王""树神""树仙"，树龄分别是1600年、2000年、2600年。

门票和开放时间

门票：雅加景区、白石潭景区均45元。

开放时间：8:00～18:00。

最佳旅游时间

来霸王岭2～4月为最佳的旅游时间，2月可看木棉花盛开；9～12月亦佳，可赏秋色。

进入景区交通

位置：昌江黎族自治县七叉镇，在县城以南约30千米处。

班车：昌江汽车站有直达霸王岭小镇的班车，每半小时一班，约1小时车程。

景点星级

美丽★★★★　刺激★★★　休闲★★★　特色★★★　浪漫★★　人文★★

霸王岭国家森林公园地处海南岛西南部，面积84.44平方千米，森林覆盖率达80.5%，景区内山体延绵，动植物资源丰富。这里气候凉爽，环境宜人，是很多人海南西部游的首选之地。

海南油杉、翠柏、南亚松等是霸王岭所特有的树种，另外还有热带兰花、馒头果、山石榴、山竹子、乌墨、青果榕、山橄榄、毛牡丹和野荔枝等珍贵植物。霸王岭的动物资源也十分丰富，除独有的海南黑冠长臂猿外，还有水鹿、云豹、豹猫、蟒蛇、孔雀雉、白鹇鸡、巨蜥、黑熊等珍贵动物。

森林公园目前已开发雅加景区和白石潭景区，两个景区铺设了专门用于观光、科考的栈道。雅加景区有情道（长约700米）、霸道（长约300米）、天道（长约1600米），白石滩景区有钱道（长约1330米）、王道（长约2000米）。

小贴士

霸王岭现在还没有植物介绍牌，如果是植物爱好者建议提前做做功课，研究下热带植物。

攻略

霸王岭不但适合休闲度假，还适合绝壁攀缘、丛林穿越、江河寻源、溶洞探险等探险旅游，热带原始森林群落、海南长臂猿观察、兰花考察、药用植物考察、生物多样性考察等科考旅游。

亲子研学

海南长臂猿

霸王岭的海南长臂猿是全球现有的灵长类动物中数量最少、极度濒危的物种。经过林区的不断保护、发展，现已有长臂猿30多只。长臂猿有一种富有情趣的行为特征是啼鸣。夜宿霸王岭，幸运的话清晨可以听到雄猿高歌，那嘹亮的声音在森林里回荡。

保护好生态环境，才能保护好长臂猿的生存家园。

❶ 情道

雅加度假会议中心距霸王岭小镇7千米，需包车前往，约10分钟车程，这里也是情道的起点。中心门前广场的右前方有一间小木屋，木屋的旁边有一块木牌，上面写着"情道"两个红色的大字，这里就是情道的入口了。情道是山水林石的巧妙结合之地，更是有情人的栖息地。

来到这里首先会看到"情侣树"——同一个树根长出两个笔直的树干来，就像一对情侣相拥而立在路的旁边。顺着栈道一直走，过了"情侣瀑布"下的"情侣水潭"，眼前景色骤然有变：此处的石壁向内略凹，石壁下是乱石堆，这里比较干燥，没有什么水流。前面就是谷的中心地带——情人谷了。在此可以看到细长的瀑布由山上直泻至"鸳鸯潭"中，不由让人联想到"鸳鸯"在潭中戏水的情景。"鸳鸯潭"前屹立着一块巨石——"永不变心"，石上爬满了植物，植物的藤蔓把石头紧紧地包裹住。

走到像是一对恩爱的夫妻坐在路的旁边向游人微笑、招手的"夫妻石"时，情人谷的旅程就结束了。

点赞 👍 @阿玛尼 去了情道，看着瀑布直泻而下、波光粼粼的鸳鸯潭，感受到大自然的鬼斧神工，巧夺天工的神奇造化就在我的身边。

小贴士

1.霸王岭为热带雨林类型，登山装备应注意防滑，建议穿长裤，以免被地面藤蔓植物刺到。

2.雨伞、遮阳帽和防晒霜是必备的，同时要防蚊虫叮咬。

② 霸道—天道

　　从情道出来之后，沿着公路走上几十米便来到雅加瀑布面前。如果恰逢雨季，大瀑布落差达 150 米，水流直泻而下犹如从天而降，气势磅礴，或声如洪钟，或腾龙驾雾。雅加瀑布两旁还有悬崖峭壁和奇花异草点缀，在飞流直泻的水景映衬下，构成了一幅天然的国画。

　　雅加瀑布右侧是霸道的入口，霸道依几千米长的石头河床铺设，似一条长龙蜿蜒盘旋，这似乎暗示着"霸道"的霸气所在。沿着石头河床向瀑布上游前行，脚下是块块巨石，两边是浓密雨林。放眼望去，这里的石头大得让人喘不过气来，有的甚至横跨整个路面。这里不仅石头有气魄，小溪也很好看，淙淙细流流不尽，清澈见底，这就是"霸王石海"。

攻略

　　黎明可在山顶观日出，所见景观均是平地无法见到的绝景。晨曦时分，遥望东方，揭去了满天的睡意，唤醒了四隅的明霞，天际间出现一线异色，白中润彩，彩中闪烁。一轮红日，如赤如丹，就像东海彩波托扶着红日缥缈浮动，粼粼荡漾，也似云龙驾着太阳的彩车，在天空洒洒脱脱，悠悠行驶……

顺道而上，可观赏到霸王岭特有的、独一无二的波浪形石滩，它是由同一石脉受河水长年冲刷而成的。沿途还有形形色色的深潭、怪石。"霸王圣潭"清澈见底，就像一个大浴缸似的，让人不由得想走去游泳。

霸道后面就是天道。天道穿梭于沟谷雨林中，这里是热带低山雨林、沟谷雨林和热带山地雨林垂直分布的地带。运气好的话，还可以在半山腰的云雾里穿行，但见白色的飘带缠绕山间，行人走在山路上，就如同走在仙境里，在童话里，在传说里。走到尽头就是霸王岭的山顶，登顶四望，连绵群山、苍茫林海尽收眼底。

小贴士

霸道中一段依石滩铺设的道路，路很滑，注意穿防滑鞋，最好有登山杖等辅助工具。在石头上尽量避免走有水的河床，这里的河床很滑。

3 钱道

从霸王岭小镇出发，沿着新修的水泥路蜿蜒而上，走 20 多千米处就是钱道的入口了。

继续前行，眼前一块巨大的石头斜卧在栈道的左侧，好悠闲享受的样子。巨石上方不远处就是银山。从银山右侧下来，巨石、古树、藤萝等景观随处可见，让人眼花缭乱、目不暇接，最令人惊叹的是两块巨石倾斜相靠形成一个长达数米的狭小缝隙，其名"钱眼"。其实"钱眼"并不像看上去那么狭窄，一个人通过绰绰有余。就是洞内漆黑一片，穿过"钱眼"就豁然开朗了。

在钱道出口的地方有一处奇观，几株高大的藤长在一块巨大的石头上，它们的根紧紧地抱住巨石并深深地扎入了石头边的泥土。看不出来是先有石头后有藤，还是原本藤下的石头是埋在土里的，只是天长日久水土流失而露了出来。这就是有名的"藤抱石"。

攻略

从霸王岭继续向东南行驶40多分钟就到达了王下乡，有皇帝洞和保存完好的黎族村落、黎族风情。一路为盘山路，风景独特奇秀，一边是山崖的奇、险、峻，一边是小河的清、净、爽。王下乡洪水村是海南目前保存最完好的黎族船形茅草屋村落，共有150多间船形茅草屋，堪称黎族文化的活化石。

霸王岭周边还有棋子湾、蓝洋温泉、白马井、东坡书院、古盐田等，可一并选择性游玩。

攻 略

住宿 驴友力荐的住宿地

在霸王岭住宿有两个选择：一是在霸王岭小镇过夜，另外是在景区内的雅加度假会议中心过夜。霸王岭的客房在周末、节假日期间较紧张，需提前订房，且房价在不同时段会有一定的浮动。

雅加度假会议中心客房多为依山而建的独栋木质吊脚楼，小杉木贴面，古朴大方，各个客房之间用木栈道相连。度假中心内有池塘可供垂钓，此外这里电视、上网等设施一应俱全。

位于霸王岭山脚下的苗村天涯驿站木棉客栈，是一家不错的客栈，客栈有16间普客房、4栋别墅、2套独立小木屋可供选择，是观赏木棉花的不错位置。

美食 饕餮一族新发现

霸王岭小镇的餐饮为大众口味，昌江本地美食反倒不多。当地美味有农家猪肉、土鸡、昌化江活鱼，以及当地野菜等。霸王岭小镇餐馆主要集中在小镇上的霸王岭美食一条街，其中林家乐美食村人气颇旺，桃园食店的文昌鸡比较正宗。

尖峰岭

有高山湖泊的热带雨林

门票和开放时间

门票：50元。

开放时间：7:00～24:00。

最佳旅游时间

11月至次年4月是尖峰岭最佳的游览季节，5～10月为雨季，此时前往尖峰岭一定要先了解好当地的天气情况，否则如遇大雨，会十分危险。

进入景区交通

位置：乐东县尖峰镇，景区西门离东方市约60千米，离乐东县约80千米。

交通：在尖峰高铁站有去往景区的出租车。

景点星级

美丽★★★★　　刺激★★★★　　特色★★★　　浪漫★★★　　休闲★★★　　人文★★

尖峰岭是我国现存面积最大、保存最好的热带原始森林区，这里拥有最丰富的热带森林景观。林区内空气清新，空气中负氧离子含量高，植物的精气浓度大，还是疗养避暑度假胜地。

尖峰岭国家森林公园是我国第一个国家热带雨林公园，森林覆盖率达98%，堪称"天涯第一园"。尖峰岭主峰海拔1412米，周围的群山山顶呈椭圆形，只有这座山峰与众不同，远远望去，山顶尖尖的，十分醒目。尖峰岭除森林外，还有云雾、大海等奇观。这里同时也是电影《冲出亚马逊》的拍摄地。

链接 尖峰岭的烟雨雾

由于尖峰岭垂直温差较大，在林中、石上、水面常常升起袅袅轻烟而形成富有诗意的蒙蒙烟雨景观，每当出现这种轻烟时，满山满谷全是乳白色的雾气，云雾汹涌着，翻滚着，吞没了山间的一切，似农家炊烟，又似仙人到访。

1 鸣凤谷

鸣凤谷离天池2千米，全长2.5千米，有千年古树、空中花园、大板根、绞杀等热带雨林独特景观。

大门左边到桃花源大酒店大约有14千米，是一条自驾游的线路，在第一个岔口往左走可达鸣凤谷，顺着山道走可到达天池。鸣凤谷的入、出口都在避暑山庄大门处。谷口狭窄，很不起眼。整个峡谷都铺了木板，为环形路，走起来很方便。越往谷底走越潮湿，雾气也越重。这时透过蒙蒙的光线，能看到雾好似薄纱般穿过一片片叶子，飘来飘去。高可接天的巨树，伸出奇形怪状的树根，试图挡住去路。古老的蕨类植物和高山榕，毫不客气地攀到巨树肩膀上显示它们的存在。各种菌类从落叶和自然折倒的老树里探出头来，好奇地打量着游客。

攻略

尖峰岭森林公园有很多独特的鸟，如海南孔雀雉、海南山鹧鸪和海南柳莺等，保护区内最佳观鸟地点为天池—避暑山庄—鸣凤谷一线。

走到峡谷中间位置的时候是鸣凤石，一块超大的石头，要到达石头下方会经过一个有点朽了的吊桥，摇摇荡荡的。

点赞 👍 @一颗红心 这里叫鸣凤谷，自然里面少不了鸟儿歌唱，不过只闻鸟鸣，不见鸟踪，动物只看得到松鼠，到山顶时，有阵阵像啸声一样的鸟叫，很是骇人。

② 天池

　　驾车顺着山道前行，就到了天池。天池是一块典型的山中盆地，盆四周群山环绕，一派碧绿，势若星拱；盆底，一池碧蓝碧蓝的池水，又似一面巨大的放大镜，蓝天白云、青山绿叶，全都倒映其中，天上水间，融为一体，合二为一。湖光山色，群山环抱，环境幽雅，空气清新，宁静致远。天池近处有两块大石上刻着"南天池"和"法天"的大字。

　　天池岸边是天池度假村，酒店依山环湖建起了一幢幢木制的独体别墅，这里不仅风景秀丽，空气清新，而且还是很多电视剧、电影的外景地。走天池左边的路，可登上黑岭，能眺望到浩瀚的北部湾。

故事　七仙女天池沐浴的传说

　　相传很久以前，尖峰岭天池的美丽景色吸引了天上的七仙女，每到晚上，她们就瞒着王母娘娘，偷偷到天池沐浴浣纱。然而，好景不长，七仙女天池洗澡的事被王母娘娘知道了，触犯了天规。于是，王母娘娘马上把七仙女狠狠地教训了一顿，责令她们今后不可再放肆。时隔不久，七仙女禁不住天池的诱惑，又偷偷地下到天池来了。王母娘娘又知道了，顿时大发雷霆，立即命令天神们把七仙女关禁闭。

③ 雨林谷

　　尖峰岭雨林谷离天池大约 10 千米，雨林谷是生态旅游区内主要景区之一，其旅游资源得天独厚，养生环境世界一流。

　　步入其间，可见山峰上云雾缭绕，密林中曲径通幽，沟谷里清泉潺潺、滩险石怪、草异花奇、光影迷离，正所谓"一日不同季，十里不同天"。雨林谷的高负氧离子空气不但可以让游客品氧洗肺，还可以调节人体的神经系统，促进血液循环，改善睡眠，提高机体免疫能力。雨林谷周边还有虎啸龙吟、紫荆瀑布等景点，时间充裕的话可以前往游览。

攻略

　　在天池和雨林谷度假中心都可进行高山垂钓，运气好的话在天池还能钓上甲鱼，在这两处钓鱼普通河竿就可以，一般鱼都在 2 千克以下。

点赞　👍 @小萝卜头 在溯溪跳跃的间隙和埋头上攀的过程中，会发现一株株从未见过的植物，惹来一声声惊叹，而沟谷里的飞瀑、静泉、枯树奇观，更让我们不得不感叹自然的神奇。

❹ 尖峰岭主峰

在大门口走右边可徒步到达尖峰岭山顶。沿途穿越尖峰岭沟谷，登山的路是一条无路之路，只是有人将荆棘、树木砍出了一条1米宽的登顶之道。茂密的各种热带植物使得丛林中几乎不见阳光。这里完全呈现出一种自然界的原生态，各类树木为了争夺阳光都拼命地往高里长，四五十米高的树木比比皆是，有的甚至高达百米。

小贴士

到山顶的两条路——天梯和右线都是比较危险的，去之前要提前做好准备。由于天梯是近乎垂直的，在攀登前一定要看好哪里有藤蔓，以备爬树干时能做辅助，并且戴上户外手套。从右线走要穿长裤以免被蛇、旱蚂蟥咬伤。在走的时候做好标记，以免迷路，不知名的野果和泉水都切勿饮喝。

在这条道路上行走就如同置身于一片迷茫的雾海，一路上雾气会越来越重。山风吹时，身边的云雾随风翻滚，会出现各种壮美的形状。到了山顶，山顶上有一个避雷针，一个水泥砌成的蓄水池，四周长着一些不知名的、高矮不等的野花野草。当站在山上的最高点时，感觉清风、细云、飘雾，在游客身上拂过。在山顶俯瞰，整个景区尽收眼底，四周尽是起伏的绿海，依稀还能看到几栋茅草屋和几条人工开凿的山道。

攻略

住宿 驴友力荐的住宿地

尖峰岭国家森林公园内住宿很方便，基本上不用在周围的乡镇找宾馆过夜，除非每年过年期间游客量很大的情况下。虽然在景区内，但价格也很合适。宾馆的建筑风格基本上都是临水而建的黎族木屋。

天池避暑山庄（景区内），山庄紧接鸣凤谷景区，是观鸟拍鸟的好地方。这里客房价格实惠，并提供车接车送服务。

乐东雨林谷国际养生度假村（景区内），周边主要景区有子京瀑布、猿头石等。这里风景幽美，客房较多，并设有中餐厅。

美食 饕餮一族新发现

尖峰岭的食品完全是纯天然的，任何菜品都能吃出它的原有味道。这里比较独特的有干烧琵琶蟹、香麻鲤鱼条、三叠苏眉鱼三道菜品。可在禾丰羊庄、农家乐饭庄、香草鸭农家鸡特色小炒、草堂饭庄等饭店品尝当地特色菜品。而在镇子上吃到的饭菜就很一般了，都是最普通的海南菜。

特别提示

❶ 上山要带足够的干粮、水，在路上随时补充营养和能量。

❷ 除了天池和鸣凤谷是水泥路外，其他都是土路，下雨的时候满路泥泞，路比较难走。

❸ 雨林游览路线较长，注意把握好时间。